全国跨境电商教育发展联盟规划教材

全国高校跨境电商专业方向指导用书

中国国际贸易学会"十三五"人才培养协同创新计划指导用书

跨境电商（B2B）操作实务

KUAJING DIANSHANG (B2B) CAOZUO SHIWU

季晓伟　主编

中国商务出版社
CHINA COMMERCE AND TRADE PRESS

图书在版编目（CIP）数据

跨境电商（B2B）操作实务 / 季晓伟主编 . -- 北京 : 中国商务出版社 , 2018.8

ISBN 978-7-5103-2578-6

Ⅰ . ①跨… Ⅱ . ①季… Ⅲ . ①电子商务—商业经营

Ⅳ . ① F713.365.2

中国版本图书馆 CIP 数据核字 (2018) 第 188507 号

跨境电商（B2B）操作实务

KUAJING DIANSHANG (B2B) CAOZUO SHIWU

季晓伟　主编

出　　　版：	中国商务出版社
地　　　址：	北京市东城区安定门外大街东后巷 28 号　邮编：100710
责任部门：	教育培训事业部（010-64243016　gmxhksb@163.com）
责任编辑：	刘姝辰
总 发 行：	中国商务出版社发行部（010-64208388　64515150）
网购零售：	中国商务出版社考培部（010-64286917）
网　　　址：	http://www. cctpress. com
网　　　店：	https://shop162373850.taobao.com/
邮　　　箱：	cctp6@cctpress.com
开　　　本：	890 毫米 ×1240 毫米　1/16
印　　　张：	10.375　　　　　字　数：210 千字
版　　　次：	2018 年 11 月第 1 版　　印　次：2018 年 11 月第 1 次印刷
书　　　号：	ISBN 978-7-5103-2578-6
定　　　价：	30.00 元

编写说明

2018 年，随着我国跨境电商的快速发展，跨境电商人才紧缺的局面日益凸显。首先，这是由于我国传统外贸向跨境电商整体式转型的态势下，跨境电商行业产生了规模巨大的专业人才需求；其次，在跨境电商作为一种新型的贸易方式，其所需的知识和技能结构相较于国际贸易、国际商务或应用英语等相关专业发生了根本性的变化；最后，在跨境电商产业链基本形成的情况下，跨境电商的专业技能必然是多元化的。所以，面对以上情况过去的高校培养方案无法培养这样的人才。为此，针对跨境电商行业的人才需求，国内有较多的高职院校或本科院校积极着手于开展跨境电商操作、应用、运营或创业等方面人才的培养。但在传统相关专业的人才培养模式已经成形的情况下，开展全新模式的跨境电商人才培养面临着诸多的困难，其中重要的就是跨境电商专业教学的内容缺少一个体系或标准，以及可用于相关高校教学的跨境电商系列教材。

为此，中国国际贸易学会联合义乌工商职业技术学院开始了跨境电商专业人才培养标准的研究，并于 2016 年底初步形成了"普适性"的跨境电商人才培养标准，一方面共同发起成立了全国跨境电商教育发展联盟，另一方面基于该标准牵头着手于对跨境电商系列教材的开发。经过充分的前期调研，决定首期开发《跨境电子商务概论》《跨境电商（B2C）操作实务》《跨境电商美工基础》《跨境电商（B2B）操作实务》《跨境电商运营与推广》及《跨境电商英语实训教程》6 部教材。这 6 部教材以跨境电商典型岗位为线条，结合跨境电商人才所应具备的知识和技能结构，突出跨境电商实践技能培养，同时兼顾在学生系统性掌握跨境相关专业知识的基础上，具备较高的跨境电商运营能力。

《跨境电子商务概论》包括跨境电商行业及其发展相关的基础性知识，帮助学生了解跨境电商行业的概况、发展前景等；《跨境电商（B2C）操作实务》包括当前主流 B2C 跨境电商平台的操作要点，掌握该课程的内容，可使学生具备在跨境电商行业从事的基本技能；《跨境电商美工基础》则专门根据跨境电商美工岗位，介绍产品图片的拍摄及后期处理技术等；基于跨境电商 B2B 和 B2C 业务的明显差异，《跨境电商（B2B）操作实务》单独成书，讲解跨境电商 B2B 的核心知识和技能；在学生初步具备跨境电商知识和技能的前提下，《跨境电商运营与推广》结合网络营销相关的知识，讲解跨境电商运营与推广的理念和方法；《跨境电商英语实训教程》则根据跨境电商业务沟通的需求，结合产品编辑、价格洽谈、物流及售后服务等具体跨境电商岗位和应用场景，培养英语沟通的技能等。我们认为这是一个比较完善的教材体系，其被列入三个系列教材中，本身就是一个证明。

在上述系列教材的开发过程中，义乌工商职业技术学院及中国国际贸易学会多次组织行业专家对本系列教材的书目及篇章结构进行讨论。在本系列教材的撰写过程中，吸纳了很多国内相关兄弟院校专业人士的宝贵意见和建议，几易其稿，力争在2018年底前由中国商务出版社出版发行。

本系列教材希望对有志于从事跨境电商或正在学习与从事跨境电商的学生和工作人员有较大的帮助。本系列教材主要面对的读者有高职、高专或本科跨境电商及相关专业在校学生，有志于在跨境电商从业的社会人员，跨境电商产品编辑、运营及美工等岗位的在职人员及跨境电商企业负责人等。

跨境电商行业发展非常迅速，与之相关的新技术、新理念及新模式等层出不穷，跨境电商知识和技能具有很强的实践性，必然随时代的继续发展产生新的变化和更新。本系列教材编写人员努力的方向是：希望读者能用尽量少的时间和精力，从本系列教材中获取必要并相对充分的有关跨境电商的应用知识。尽管编写人员做出了最大的努力，但囿于当前的视野及水平，对于可能存在的疏漏和不足，望读者体谅或提出宝贵意见。

全国跨境电商系列教材项目开发组
于义乌工商职业技术学院 2018 年 5 月

前　言

　　现阶段我国跨境电商不仅从规模上还是从数量上，占据我国 85% 的市场的 B2B 模式是我国跨境电商的主力军，今天我国的跨境电商 B2B 已从最初的网上展示、线下交易的外贸信息服务模式逐步发展为将交易、支付、物流等流程电子化的在线交易模式。在跨境电商 B2B 出口占我国出口总量的比例不断提高的同时，该模式的进口也让我国消费者从世界各国购买到了更多物美价廉的商品。各种类型的跨境电商 B2B 平台纷纷涌现，它们各有优势，外贸企业可以根据自己的实力和特点进行权衡选择。在上述行业发展背景下，跨境电商 B2B 模式对人才的需求也越来越大，对各类高等院校电子商务人才的培养工作也提出了更高的要求。因此，如何面向日新月异的跨境电商 B2B 模式发展培养人才，尤其是既具备一定的理论基础又熟悉实践操作的人才，并打造实用的专门针对跨境电商 B2B 模式的教材，显得十分必要。

　　本书的编写注重跨境电商 B2B 模式的理论与实践操作相结合。全书内容以 B2B 模式的业务操作流程为主体框架，包括跨境电商 B2B 基础知识和技能、跨境电商 B2B 平台的选择、开设店铺与营销推广、跨境电商 B2B 相关外贸知识与应用、网络磋商方式与技巧、跨境电商外贸综合服务平台、客户关系管理与争议处理以及进口跨境电商的 B2B 模式。每一个章节都提出了明确的学习目标，点名其中的知识要点和核心概念，用"情境导入"的方式进行内容提要的描述，同时通过情境的发展还可以串联起各个章节的内容，然后用"导引案例"来引起学习者的思考和学习兴趣。每个章节中还配有"技能提示"和"即问即答"，帮助学习者更好地理解教学内容；章节内容后配有"自我测试"，帮助学习者检测学习效果。为了加强实践操作的教学，本书在每个章节的测试题后增加了"实训参考方案"，包括实训目标、实训方式、实训步骤和实训评价，供使用者在教学过程中参考。当前，我国跨境电商 B2B 已从信息发布模式转型为交易模式，出口商已能够借助跨境电商平台完成运输、保险、通关、支付、退税等一系列贸易流程，这是一个很大的转变。本书尝试紧扣跨境电商 B2B 模式的发展前沿，以阿里巴巴国际站为例，选择跨境电商平台与外贸综合服务平台合作的模式作为教学内容，该模式通过外贸综合服务平台代办物流、通关、商检等一系列环节，从而完成整个跨境电商 B2B 的交易过程。

　　本书第 1、2、4 章由季晓伟编写，第 3、5 章由龚文龙编写，第 6、7 章由黄艺编写，第 8 章由曹晶晶编写。全书最后由季晓伟完成统稿工作。本书编写过程中得到了中国国际贸易学会的鼓励和指导，以及义乌正丽国际供应链公司的大力协助，再次深表谢意！

我国跨境电商 B2B 模式仍处于探索和不断深化改革的过程中，一些相关的概念和观点可能尚未达成共识，对该模式的认识、研究仍在不断积累，跨境电商 B2B 平台及业务模式仍会不断更新，更由于作者水平有限，书中的疏漏、不当之处，望读者不吝指正。

季晓伟

2018 年 9 月

目 录
CONTENTS

第一章

跨境电商 B2B 基础知识和技能

【学习目标】

本章旨在让学习者了解跨境电商 B2B 模式的基本概念，通过与传统外贸的比较来理清跨境电商 B2B 的基本流程，通过与跨境电商 B2C 的比较来明细跨境电商 B2B 的特点，了解我国跨境电商 B2B 模式的发展脉络和相关政策，了解跨境电商 B2B 从业者的必备技能，为今后进一步学习跨境电商 B2B 的知识打下基础，为实训教学做好准备。

【知识要点】

1. 跨境电商 B2B 的基本概念与特点；
2. 跨境电商 B2B 的基本流程；
3. 我国跨境电商 B2B 的发展脉络；
4. 我国跨境电商 B2B 的相关政策。

【核心概念】

1. 跨境电商 B2B 模式
2. 外贸 "国六条"
3. 跨境贸易电子商务（9610）和保税跨境电子商务（1210）

【情境导入】

小张大学毕业不久，被一家外贸公司录用。该公司目前正在大力拓展跨境电商B2B业务，将小张安排在了跨境电商业务员岗位。小张对跨境电商也非常感兴趣，期待着在新的岗位上能大显身手。小金是该公司跨境电商部门经理，与小张进行简单的相互介绍后，即交给小张一些有关跨境电商B2B的资料，要求小张先了解一下行业的基本知识。这些资料的内容主要包括跨境电商B2B模式的基本概念、基本流程、与传统外贸的区别、与跨境电商B2C的区别。除了学习资料内容，小金还要求小张自己收集资料，去了解我国跨境电商B2B模式的发展脉络和相关政策。最后，小金特意叮嘱小张，要在平常好好提高下自己Office软件的应用能力和处理图片的能力；提高跨境电商需要的外语听说读写基本能力；培养自身的互联网思维。

【引导案例】

2016年1月8日，在国务院新闻办召开的发布会上，相关发言人指出：跨境电商发展的主体是明确的，B2B是主体，B2C是补充。B2C还会发展，但是走不远，走不大。真正的要走强是B2B，所以跨境电商要重点发展B2B，这符合我国外贸稳增长、调结构的需要，也有利于降低监管的成本，提高通关的效率。

继杭州于2015年成为首个跨境电子商务综合试验区后，广州、深圳、天津、上海、重庆、大连等12个城市在2016年初也新设了跨境电商综试区，借鉴推广杭州"六大体系、两大平台"的经验做法。2017年初，商务部在举行的新闻例会上公布了相关跨境电商数据，并肯定跨境电商试点工作在2016年取得的积极成效。2016年前11个月，杭州跨境电商出口354.5亿人民币，增长1.9倍，占全市出口总额的12.7%，为当地外贸回稳向好作出重要贡献；郑州带动周边地区特色产业集群发展，推动服装、家具等产业集群发展、抱团出口；大连推动东北老工业基地2000多家中小微企业"触网"。各综试区在B2B业务监管流程、跨境电商数据标准、B2B信用保障业务等方面大胆创新，一大批新的好经验好做法正在形成，共提出593条创新政策清单，落实率达到56%。各综试区所在地努力探索创新，杭州在"六体系两平台"基础上，进一步打造杭州模式升级版，在品牌培育、B2B标准等方面继续开展探索创新；12个新设综试区在全面借鉴杭州经验的同时，因地制宜，以B2B为主攻方向，出台配套支持措施，加强和改善公共服务，积极培育市场主体。目前B2B已经占跨境电商进出口的七成以上。

请思考：

（1）跨境电商B2B与跨境电商B2C的区别？为什么说跨境电商B2B是主体？

（2）国家为引导跨境电商B2B发展，出台了哪些相关的支持政策？

（3）跨境电商B2B具有巨大的发展前景，如果你愿意投身跨境电商B2B行业，是否了解这个行业的岗位及其要求？

一、跨境电商 B2B 模式

（一）跨境电商 B2B 的概念

掌握跨境电商 B2B 的概念，我们需要先了解跨境电商的概念。当前，跨境电商的概念有广义和狭义之分。狭义的跨境电商，是指分属不同关境的交易主体，借助互联网达成交易、进行支付结算，并采用快件、小包等行邮的方式通过跨境物流将商品送达消费者手中的一种国际商业活动。广义的跨境电商，是指分属不同关境的交易主体，通过电子商务的手段将传统进出口贸易中的展示、洽谈和成交环节电子化，并通过跨境物流送达商品，完成交易的一种国际商业活动。狭义的跨境电商概念和广义的跨境电商概念，区别主要在于跨境物流和支付结算方式。

跨境电商的概念中，B 指 Business，即企业；C 指 customer，即消费者，2 指 to。因此，跨境电商 B2B 的概念，从跨境电商的概念中延伸出来，"分属不同关境的交易主体"指的就是买卖双方都是企业；类似地，跨境电商 B2C 的概念，从跨境电商的概念中延伸出来，"分属不同关境的交易主体"指的就是卖方是企业而买方是消费者。狭义的跨境电商概念，指的就是跨境电商 B2C；而跨境电商 B2B 属于广义的跨境电商概念。广义的跨境电商统计对象以跨境电子商务中商品交易部分为主（不包含物流和支付结算等服务部分），它既包含跨境电商交易中跨境零售（B2C），又包含跨境电商 B2B 部分，其中 B2B 部分不但包括通过跨境交易平台实现线上成交的部分，还包括通过互联网渠道线上进行交易洽谈，促成线下实现成交的部分。

【技能提示】

国境和关境是有区别的。国境是指一个国家行使主权的领土范围，关境是指实施同一海关法规和关税制度的境域。欧盟成员国、北美自由贸易区（美国、加拿大、墨西哥）、南美的南方共同市场成员国等，它们的国境都小于关境，原因是该国与其他国家实现了关税同盟或更高层次的经济一体化。也有的国家的国境大于关境，最典型的就是咱中国。中国香港、中国澳门和中国台湾各有自己独立的关境，但都属于中国的组成部分，所以关境小于国境。海关设置或经海关批准，受海关监管的保税区就具有"境内关外"的特殊功能，境外货物进入保税区，实行保税管理，视同货物仍在境外（可以暂时不交纳关税和进口环节国内税，如果从保税区运进国内市场，则需办理报关手续和交纳进口关税）；境内其他地区货物进入保税区，则视同出境。

最后，我们可以明确一下跨境电商 B2B 的概念，它是指分属不同关境的两家企业，通过电子商务的手段将传统进出口贸易中的展示、洽谈和成交环节电子化，并通过跨境物流送达商品，完成交易的一种国际商业活动。跨境电商 B2B 贸易，已纳入海关一般贸易统计。2016 年，商务部在发布会上明确，跨境电商 B2B 是我国跨境电商发展的主体，B2C 是补充。在跨境电商市场中，企业级市场也始终处于主导的地位。

【即问即答】

1. 跨境电商 B2B 与跨境电商 B2C，哪个是我国跨境电商发展的主体？

（二）跨境电商 B2B 与传统贸易的区别

首先，通过与传统外贸的比较，来了解下跨境电商 B2B 的一般模式，如图 1-1。

跨境电商 B2B 的一般操作模式为：生产商或出口商（网商）将出口的商品通过跨境电商 B2B 平台（电商平台或自营平台）进行线上展示，进口商线上选购商品并下单后，生产商或出口商（网商）将商品交付给货代或国际快递进行运输，经过两次（出口国和进口国）海关通关商检后，最终送达消费者或企业手中，进口商通过 T/T、托收、信用证或 PayPal 等网络支付完成支付。也有的生产商或出口商（网商）直接与外贸综合服务平台合作，让第三方综合服务平台代办物流、通关商检等一系列环节，从而完成整个跨境电商交易的过程。

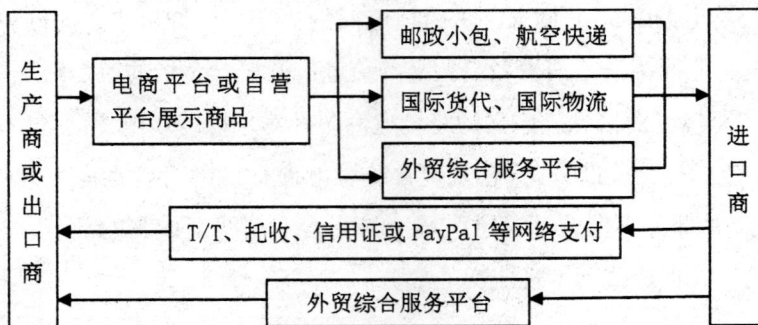

图 1-1　跨境电商 B2B 一般模式

跨境电商 B2B 与传统外贸的操作模式存在区别如下：

相对于传统外贸，跨境电商 B2B 单笔订单的数量要少很多，符合当前外贸订单碎片化的趋势，能满足中小进口商的小额批发采购，免去了传统外贸大量进口后再多级分销的中间环节，从而打破渠道限制并降低交易成本，以及具备诸多的优势。

【技能提示】

外贸订单碎片化已经成了一种趋势，至少对绝大多数中小外贸企业来说就是如此。这里说的"碎片化订单"是指小单、短单。产生这一变化的原因有很多，主要有以下三个：一是国际消费市场需求已经趋于个性化，消费者已经变得不喜欢和别人"撞衫"，他们更追求独特的、充满个性的消费品，国外进口商在采购时也会要求订单小、货期短、款式多样化；二是国外进口商对"去库存化"变得更加"痴迷"，在市场需求多变，形势难以掌握的情况下，高库存对于进口商而言就是一个定时炸弹，随时会给其带来巨大的危险，而采购小单、短单可规避高库存风险；三是在经历全球金融危机之后，"现金流"成了全球贸易流通企业最重视的问题，"短、频、快"的碎片化订单对于国外进口商而言，可以加快其现金流动，从而规避资金风险。

在合同（订单）前阶段，跨境电商 B2B 借助电子商务平台展示和营销商品，更便于搜寻和比较产品，具备数字化和透明度的优势，线上即时交流，融合各种功能模块于一体，尽可能为促成交易，达成合同或订单简化和优化磋商过程。

在国际物流阶段，跨境电商 B2B 可以根据该批商品数量的多少，采取不同的国际物流途径和方式。如果商品数量足够大，跨境电商 B2B 就转为传统外贸的国际物流方式，走传统外贸的通关途径；如果商品数量非常少，可以采取跨境电商 B2C 通常所用的更为快捷的邮政小包或航空快递；对于商品数量比较少，但又不适合快递的订单，可以将国际物流"外包"给外贸综合服务平台，外贸综合服务平台通过对各家订单的整合，实现"化零为整"，使小订单"抱团"享受到低价优质的物流服务。

在支付结算阶段，跨境电商 B2B 平台一般不具备类似跨境电商 B2C 平台的第三方支付和信用担保功能，跨境电商 B2B 在该部分又转为"线下"，与传统外贸一样，采取 T/T、托收或信用证等结算方式。如果订单已"外包"给外贸综合服务平台，则外汇先汇款至平台账号，再结算给出口商。但是，近年来，一些跨境电商 B2B 平台做出了积极的努力。比如，阿里巴巴国际站平台的"Trade Assurance"提供了基于前 T/T 模式，以及基于供应商保质保量交货的担保模式。

（三）跨境电商 B2B 与 B2C 的比较

为了更好地理解跨境电商 B2B 模式，我们将它与跨境电商 B2C 模式做一个比较，它们之间的区别并不简单地在于"2"后面是"B"还是"C"，如图 1-2。这两种模式孰优孰劣，仍存在争议。

跨境电商 B2B 模式是我国商务部明确的今后跨境电商发展的重点方向，是我国跨境电商的主体，它的优势主要在于商业和物流方面的规模化效率、通关的监管效率以及更好的售后保障。援用商务部发布会上的数据："跨境电商 B2C 出口 12 亿美元，23 个主要城市验放清单就有 1.48 亿份；跨境电商 B2C 进口 22.3 亿美元，验放的清单总数是 9598.89 万份。"这说明，跨境电商 B2C 非常的碎片化，进出口金额有限却需要验放非常多的清单，监管成本和难度都很大。相对于我国 2 万多亿美元的出口总额，跨境电商 B2C 确实难以提高比重，对我国外贸整体的带动作用有限。跨境电商 B2B 模式符合我国外贸稳增长、调结构的需要，也有利于降低监管的成本，提高通关的效率。除了"小额批发"也能经过快件方法运输和通关，跨境电商 B2B 模式下的出口商品一般走传统贸易的物流和通关途径，在提高通关效率的同时也大大降低了单个商品的运输成本。跨境电商 B2C 模式下，单个商品运输成本过高甚至大大限制了出口商品的种类。跨境电商 B2B 平台通过不断创新探索，引入外贸综合服务平台，在兼顾通关效率的同时，满足了外贸碎片化的趋势。另外，跨境电商 B2B 模式下的出口商品一般更具质量保障，也更有利于买方的维权。跨境电商 B2B 模式的缺点主要在于各平台仍大多局限于提供信息服务，电商产业链还不够完善，电商平台上缺乏一种可以与物流相结合的，能进行中间担保和融资的第三方跨境支付工具，这也是跨境电商 B2B 模式一直在探索和创新的方向。

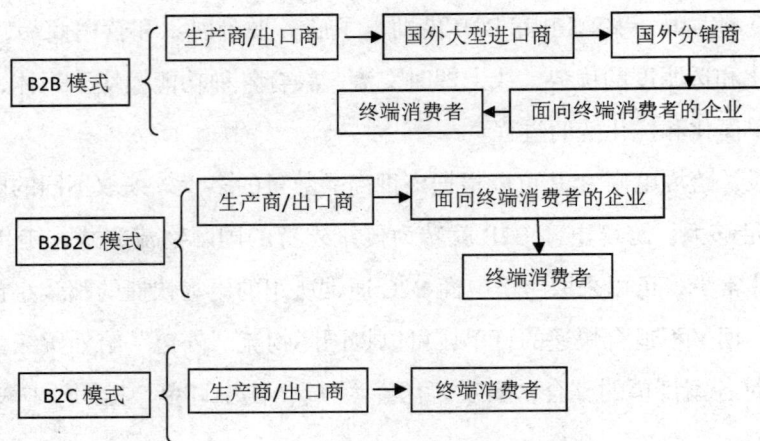

图 1-2　跨境电商模式的链条对比

虽然，跨境电商 B2B 模式被官方明确为我国跨境电商发展的主体和重点方向，但同时也认为跨境电商 B2C 模式具有很大的发展潜力，是跨境电商重要的组成部分。跨境电商 B2C 模式的优势主要在于缩短中间环节、具有更为完善的电商生态系统。为提高跨境电商 B2C 模式的通关效率，促进跨境贸易电子商务零售进出口业务发展，海关部门增列了适用于跨境零售出口的海关监管方式代码"9610"（跨境贸易电子商务）和适用于跨境零售进口的海关监管方式代码"1210"（保税跨境电子商务）。

基于 B2B 模式并没有缩短传统贸易的各中间环节，无法直接接触客户的问题，以及基于 B2C 模式物流成本高和通关效率低等问题，在跨境电商的创新发展过程中又衍生出了 B2B2C 模式。B2B2C 模式被认为是 B2B 模式自然而然的发展结果。传统外贸的链条比较长，一般是从国内工厂到外贸公司，到国外大型进口商，到国外分销商，才最终到国外消费者，而 B2B 模式并没有缩短这一链条。B2B2C 模式则压缩了中间的链条，使国内工厂或企业直接对接国外面向终端消费者的企业。如果把 B2B 模式的第 2 个"B"分为两类：一类是国外大型进口商，他们从中国采购商品后，再在国外层层分销下去，另一类是国外面向终端消费者的小批发商，那么 B2B2C 模式实际上也就是 B2B 模式。

二、我国跨境电商 B2B 的发展脉络

我国跨境电商 B2B 业务的开展主要依托于跨境电商平台，从跨境电商平台的商业模式为线索，可以梳理出我国跨境电商 B2B 模式的发展脉络。

（一）交易磋商服务模式阶段

该阶段跨境电商平台的主要商业模式是网上商品展示、线下进行交易的纯外贸信息服务模式，其功能是为企业及产品信息提供一个网络上的展示平台，而不涉及任何的交易环节。例如，1999年成立的阿里巴巴电子商务平台，开启了我国中小企业依托互联网技术进行在线厂家宣传和商品信息发布的跨国贸易时代。阿里巴巴最初的商业模式主要为中小企业提供外贸出口的营销推广服务，

业务逻辑是基于互联网平台去展示中小企业及商品信息，同时海外买家可以寻找、搜索卖家并发布采购信息，最终为贸易双方提供商机和订单，盈利模式主要是通过对进行信息展示的企业收取会员费。此时，我国外贸企业处于进出口稳定增长阶段，企业级产品信息的展示较高程度地依赖于传统的参展形式（比如广交会、海外参展等），跨境电商平台与外贸企业的联系并不是很紧密，处在不断摸索的阶段。

（二）在线交易平台模式阶段

该阶段，中国制造的爆发式增长和我国中小企业对开拓国际市场的迫切需求成为跨境电商平台发展的主要动力。在全球金融危机背景下，作为我国外贸企业转型升级重要出路的跨境电商得到外贸行业的普遍认同，跨境电商平台开始深入探索新的商业模式。2004 年，敦煌网的上线开启了我国跨境电商的在线交易化时代。与其他提供信息、以收取会员费为主要盈利模式的 B2B 网站不同，敦煌网通过向买家收取交易提成盈利，成为国内第一家帮助我国中小企业从事在线国际贸易的跨境 B2B 平台。2010 年，阿里巴巴和环球市场也开始向在线交易平台模式转型。在这个阶段，跨境电商 B2C 模式显然比跨境电商 B2B 发展得更为深入，因为跨境零售更容易融合物流服务和在线支付服务。跨境电商 B2B 模式的在线交易只适合于"小额批发"，类似于传统贸易的数额较大的订单难以通过零售的物流服务和在线支付服务来解决，往往转移到"线下"，使跨境电商 B2B 平台的主要功能仍局限于信息展示、在线匹配和业务撮合。因此，跨境电商 B2B 平台仍需要不断进行模式创新，完善跨境电商的整个产业链和生态系统。

（三）全流程综合服务模式阶段

全流程综合服务的跨境电商 B2B 平台模式除了企业及商品信息展示、在线匹配和业务撮合外，还涵盖了物流、通关、支付结算、出口退税、金融和售后服务等外贸环节，基于供应链整合和现代服务业理念，通过整合银行、保险、商检、货代等外贸上下游资源，并结合海外仓和海外营销网络，将传统大型外贸公司的优势与现代电子商务有机结合，为国内生产企业提供全球营销推广、出口代理、物流运输等一站式外贸服务。2013 年 7 月，国务院发布了"国六条"，外贸综合服务首次得到认可。2014 年，阿里巴巴全资收购了深圳一达通，通过互联网平台为中小企业提供外贸交易中所涉及的金融、通关、物流、退税、外汇等一站式的进出口环节服务；2015 年，阿里巴巴与中信保联手推出了"E-Credit Line"服务，为买家解决融资，并为卖家提供买家的资信服务。敦煌网可以在平台上生成订单，并提供货源、海外营销、在线支付和国际物流、保险、金融、培训为一体的供应链整合服务体系。中国制造网也成功打通了境外仓储和物流体系，在平台直接提供外贸综合服务。

三、跨境电商 B2B 的相关政策

近年来，我国出台的跨境电商政策更多地集中在零售领域，即跨境电商 B2C 模式。跨境电商

B2B 模式的线下环节按一般贸易的政策，其中也有外贸"国六条"等一些重要的相关政策。一些原本集中在零售领域的政策，将来在跨境电商 B2B 模式的创新探索中，应能起到示范和"溢出"效应。

（一）外贸"国六条"对跨境电商 B2B 的支持

2013 年 7 月 24 日，为了提振外贸，国务院常务会议制定了促进外贸的"国六条"，这六条措施为：一是制定便利通关办法，抓紧出台"一次申报、一次查验、一次放行"改革方案，分步在全国口岸实行。二是整顿进出口环节经营性收费，减少行政事业性收费。暂免出口商品法定检验费用。减少法检商品种类，原则上工业制成品不再实行出口法检。抓紧研究法定检验体制改革方案。三是鼓励金融机构对有订单、对有效益的企业及项目加大支持力度，发展短期出口信用保险业务，扩大保险规模。四是支持外贸综合服务企业为中小民营企业出口提供融资、通关、退税等服务。创造条件对服务出口实行零税率，逐步扩大服务进口。五是积极扩大商品进口，增加进口贴息资金规模。完善多种贸易方式，促进边境贸易。六是努力促进国际收支基本平衡，保持人民币汇率在合理水平上的基本稳定。

这六条措施对跨境电商 B2B 模式的支持作用体现在：第一条，海关与出入境检验检疫部门合作推行的以"一次申报、一次查验、一次放行"的通关模式提高了通关效率，优化了口岸通关环境，减轻了外贸企业的负担。第二条，整顿进出口环节经营性收费，减少行政事业性收费则减轻了外贸企业的成本负担。第三条为大批缺少固定资产抵押的跨境电商卖家开辟了一条新的贷款渠道，这种基于订单交易的贸易融资比流动资金贷款的风险性更小；另外，因为银行等金融机构很难掌握外贸企业真实的订单数据和交易数据，而电商平台则拥有这些数据及企业信用记录，所以未来金融机构与电商平台的合作将更加紧密，电商平台在其中的话语权也会逐渐增强。第四条首次定义了"外贸综合服务行业"，支持外贸综合服务企业为中小民营企业出口提供融资、通关、退税等服务，首次明确了一达通、广新达等跨境 B2B 服务商作为服务机构的身份，并支持它们为中小民营企业出口提供融资、通关、退税等服务；政府更愿意推动能够提供集约式、一站式服务的综合服务企业的发展，鼓励卖家借助跨境 B2B 服务平台去实现通关的正常化，而跨境电商平台也势必将在平台上集成更多的配套服务，扩展电商交易功能。第五条和第六条也有利于扩大跨境电商 B2B 模式的进出口规模。

【技能提示】

"三个一"是海关与出入境检验检疫部门合作推行的以"一次申报，一次查验，一次放行"的方式对进出口货物进行监管、验放的通关模式。"一次申报"，即"一次录入，分别申报"，是指企业只需一次录入申报数据，分别向海关和检验检疫部门发送；"一次查验"，即一次开箱，是指关检双方需要对同一批货物实施查验和检验检疫的，海关与检验检疫部门按照各自职责共同进行查验和检验检疫；"一次放行"即"关检联网核放"，是指对于运抵口岸的货物，海关和检验检疫部门分别发出核放信息，企业凭关检的核放信息办理货物提离手续。

（二）跨境电商综合试验区的 B2B 政策创新

2016 年 1 月，继中国（杭州）跨境电子商务综合试验区后，国务院又印发了《关于同意在天津等 12 个城市设立跨境电子商务综合试验区的批复》，同意在天津市、上海市、重庆市、合肥市、郑州市、广州市、成都市、大连市、宁波市、青岛市、深圳市、苏州市 12 个城市设立跨境电子商务综合试验区。借鉴中国（杭州）跨境电子商务综合试验区的经验和做法，因地制宜，突出本地特色和优势，着力在跨境电子商务企业对企业（B2B）方式相关环节的技术标准、业务流程、监管模式和信息化建设等方面先行先试，为推动全国跨境电子商务发展提供可借鉴、可推广的经验，用新模式为外贸发展提供新支撑。

目前，杭州综合试验区正规划经过 3~5 年的改革试验，力争把跨境电商综试区建设成以"线上集成＋跨境贸易＋综合服务"为主要特征，以"物流通关渠道＋单一窗口信息系统＋金融增值服务"为核心竞争力，"关""税""汇""检""商""物""融"一体化，线上"单一窗口"平台和线下"综合园区"平台相结合，投资贸易便利、监管高效便捷、法制环境规范的全国跨境电子商务创业创新中心、跨境电子商务服务中心和跨境电子商务大数据中心。

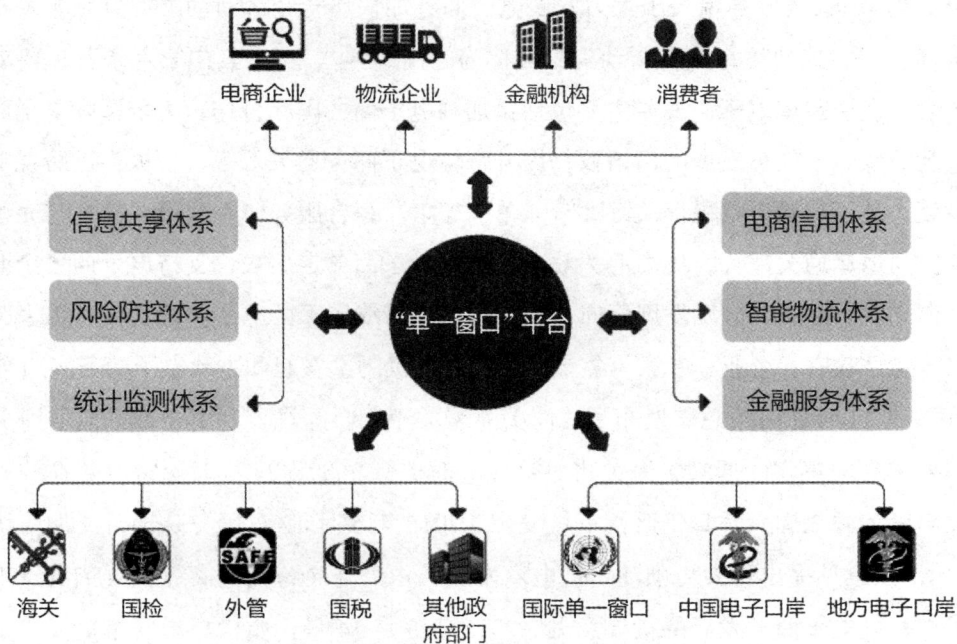

图 1-3　中国（杭州）跨境电子商务综合试验区的"单一窗口"平台

（三）其他一些与跨境电商 B2B 相关的政策

2013 年 11 月底，商务部发布《关于促进电子商务应用的实施意见》，提出要"推动跨境电子商务创新应用，努力提升跨境电子商务对外贸易规模和水平。对生产企业和外贸企业，特别是中小企业利用跨境电子商务开展对外贸易提供必要的政策和资金支持。鼓励多种模式跨境电子商务发展，探索发展跨境电子商务企业对企业（B2B）进出口和个人从境外企业零售进口（B2C）等模式。加快跨境电子商务物流、支付、监管、诚信等配套体系建设。"

2014 年 5 月，国务院发布《关于支持外贸稳定增长的若干意见》，提出如下意见：进一步优化监管方式方法，提高海关查验的针对性和有效性，推动区域性通关一体化试点，推行通关作业无纸化，加快通关速度。加快电子口岸建设，实行国际贸易"单一窗口"受理，全面推进"一次申报、一次查验、一次放行"，实现口岸部门和地方政府信息共享。进一步减少行政审批项目，简化程序，减少出口商品检验的商品种类。整顿和规范进出口环节经营性服务和收费，减轻企业负担。出台跨境电子商务贸易便利化措施。鼓励企业在海外设立批发展示中心、商品市场、专卖店、"海外仓"等各类国际营销网络。

2014 年 7 月，国务院《关于加快发展生产性服务业促进产业结构调整升级的指导意见》出台，特别提出支持农村电子商务、跨境电子商务以及移动电子商务三大电商"新势力"的发展。2015 年 1 月 29 日，国家外汇管理局出台关于开展支付机构跨境外汇支付业务试点的通知，网络购物单笔交易限额由 1 万美元提高至 5 万美元。2015 年 3 月 12 日，中国（杭州）跨境电商综合试验区获批，成为国内首个试点城市，标志着我国跨境电商综合试点开始，随着政策红利释放和运作模式的成熟，跨境电商综合试验区有望扩容。

2015 年 5 月 4 日，《国务院关于大力发展电子商务加快培育经济新动力的意见》发布，从八个方面推进电商发展，加快培育经济新动力，被称为电商"国八条"。其中第六条着重要求提升对外开放水平，大力发展跨境电子商务，主要包括：加强电子商务国际合作，力争国际电子商务规制制定的主动权和跨境电子商务发展的话语权；提升跨境电子商务通关效率，积极推进跨境电子商务通关、检验检疫、结汇、缴进口税等关键环节"单一窗口"综合服务体系建设，简化与完善跨境电子商务货物返修与退运通关流程，提高通关效率；推动电子商务走出去，支持电子商务企业建立海外营销渠道，创立自有品牌，鼓励发展面向"一带一路"沿线国家的电子商务合作，扩大跨境电子商务综合试点，建立政府、企业、专家等各个层面的对话机制，发起和主导电子商务多边合作。

2015 年 5 月 11 日，海关总署发布了《海关总署关于调整跨境贸易电子商务监管海关作业时间和通关时限要求有关事宜的通知》海关将对跨境电商实行 365 天 24 小时保持服务在线，为跨境电商办结海关手续，并在周六、日仍照常审核发货。2015 年 5 月 12 日国务院出台《加快培育外贸竞争优势意见》，该意见提出要大力推动跨境电商发展，积极开展跨境电商综合改革试点工作，抓紧研究制定促进跨境电子商务发展的指导意见。2015 年 5 月 14 日，质检总局发布了《关于进一步发挥检验检疫职能作用促进跨境电子商务发展的意见》。2015 年 5 月 15 日，商务部研究制定了《"互联网+流通"行动计划》，将推动建设 100 个电子商务海外仓，促进跨境电商发展，加快电商海外营销渠道建设。2016 年跨境电商的政策主要集中在跨境零售的进口、监管和税收等方面。

四、跨境电商 B2B 从业者必备技能

（一）跨境电商 B2B 的从业岗位

跨境电商 B2B 初级岗位从业者需要掌握跨境电商的操作技能，懂得"如何做"跨境电商，而不需要去思考跨境电商"能做什么"。典型的岗位如：业务员/客服（如图 1-4），要求能通过邮件等

书面形式及电话等即时形式与国外采购商进行沟通，跟踪和处理订单流程，开展售后服务和争议处理，维护客户关系；美工，要求能拍摄出合适的产品图片，利用图片处理软件设计和美化产品和店铺页面；网络推广，要求能在跨境 B2B 平台编辑、上传和发布产品，进行关键词搜索优化，通过论坛、数据分析以及各种工具进行产品的推广营销。

跨境电商 B2B 中级岗位从业者是需要懂得跨境电商"能做什么"的专业人才，熟悉现代商务活动，掌握跨境电商 B2B 运营和管理知识。典型岗位如：市场运营经理（如图 1-5），精通跨境电商平台、交易规则、法律法规和营销推广方法，负责网络营销方案制订和费用预算，保证店铺和产品流量；采购与供应链管理，负责维护跨境电商 B2B 订单整条供应链的业务关系，包括产品方案制订、产品生产和采购、库存管理、通关和物流等一系列环节；财务经理，熟悉和灵活运用跨境电商 B2B 的国际结算方式和规则，有效控制国际结算风险，掌握出口退税和融资能力。

跨境电商 B2B 高级岗位从业者需要熟悉跨境电商的前沿理论，能够从战略上洞察和把握跨境电商的特点和发展规律，具有前瞻性思维，引领跨境电商产业发展，主要包括熟悉跨境电商业务的高级职业经理人，以及促进跨境电商产业发展的领军人物。

【即问即答】

你觉得跨境电商 B2B 的哪一个岗位最适合你？

职位描述	公司介绍	⚠ 举报　★ 收藏

岗位职责：
1. 维护老客户，开发新客户，跟进下单后的一系列工作；
2. 新客户互动开发，参加每年春节和秋季广交会展会，和市场上的潜在客户进行互动，开发成为自己的客户；
3. 通过邮件电话面谈形式进行已有潜在客户开发；
4. 通过阿里国际站、中国制造，GOOGLE，FACEBOOK，环球资源等各种社交网站平台进行客户开发。

1. 熟悉出口操作流程，具备独立业务操作能力；
2. 英语六级，口语流利，书面表达清晰、顺畅，能熟练操作常用办公软件；
3. 有责任感，性格开朗，良好的沟通和团队合作意识；
4. 有志于从事外贸行业并有明确的规划和目标成为本行业精英；

（也欢迎优秀应届实习生）

图 1-4　某公司招聘跨境电商业务员的职位描述

（二）从业者需掌握的技能

上述三种岗位从业者需要掌握的技能并非是割裂的，初级岗位从业者需要对自身的能力进行延伸，向更高级岗位发展；中高级岗位从业者也不能脱离初级岗位从业者所具备的能力。做一个合格的跨境电商 B2B 从业者，需掌握以下几项技能：

1.外语应用能力。良好的外语应用能力是做好跨境电商 B2B 的必要条件。相对于传统外贸，跨境电商对从业者的英语应用能力有增无减。虽然多语种平台大部分具有翻译功能，但掌握多语种应用能力无疑更受行业的青睐。

职位描述	公司介绍	⚠ 举报 ★ 收藏

岗位职责：
1. 配合公司完成跨境电商渠道战略规划、市场分析、产品销售和团队管理等工作；
2. 负责公司速卖通，ebay平台的搭建、运营、维护和日常管理，制定运营策略、方案并组织实施；
3. 负责与各相关部门、团队、渠道以及其他合作方之间的协调管理工作；
4. 根据公司业务特点和海外市场需求，制定和执行中长期海外市场和营销策略；
5. 定期跟踪、评估推广效果，提出营销改进措施，出具切实可行的改进方案；
6. 负责与跨境电子商务类B2B、B2C客户的沟通与业务合作。

任职资格：
1. 大专或以上学历，电子商务、市场营销、企业管理等专业；
2. 3年以上亚马逊、eBay、速卖通等中大型跨境电商实际操作经验，具有团队管理经验及国外品牌运营管理经验者优先；
3. 熟悉电子商务平台体系的组建、维护和推广，对相关法律政策有深刻理解；
4. 控制产品风险，拟订合理的产品上架计划，将产品发布到网络平台。

图 1-5 某公司招聘跨境电商市场运营经理的职位描述

2. 外贸操作实务。掌握外贸流程和操作实务是跨境 B2B 与跨境 B2C 从业者的一个显著区别。跨境 B2B 从业者必须掌握一般贸易的合同、单据、通关、运输、结算、退税、纠纷解决等知识和能力。同时，要掌握国际市场营销和国际企业管理等方面的知识和能力。

3. 营销推广能力。掌握跨境电商 B2B 线上和线下的营销推广方法和渠道，制订营销推广方案并控制成本预算。从产品发布和优化、数据分析、关键词提炼，到外贸直通车等付费推广工具，掌握各个环节中的营销推广能力及其组合方式，保证店铺流量和产品曝光率。

4. 把握电商行业。在日常积极了解跨境电商行业的前沿理论、发展趋势和国家政策的引导方向，熟悉各大平台最新的规则，跟踪最新跨境电商的热销产品，收集和分析竞争对手的信息并能采取相应的对策，全面把握跨境电商 B2B 的行业背景。

5. 心态调整能力。面对压力和困难能及时调整好心态，是竞争越来越激烈的跨境电商 B2B 行业的从业者所必须具备的能力。相对于传统外贸，跨境电商 B2B 的订单碎片化，订单数量少且重复率高，操作环节更加烦琐。在客户沟通、纠纷处理等方面也会出现各种问题。从业者需及时调整心态，保持工作热忱和激情，不因一时的困难而退怯。

本章小结

跨境电商 B2B 是指分属不同关境的两家企业，通过电子商务的手段将传统进出口贸易中的展示、洽谈和成交环节电子化，并通过跨境物流送达商品，完成交易的一种国际商业活动。它与传统贸易和跨境电商 B2C 之间存在较大的区别，并各具优势。我国跨境电商 B2B 已从外贸信息服务模式发展为在线交易模式，受到了国家出台的系列政策的扶持。我们可以将跨境电商 B2B 的从业岗位分为初级岗位、中级岗位和高级岗位，从业者需要具备相应的技能和职业素质。

自我测试

单项选择

1. 狭义的跨境电商，是指分属不同（ ）的交易主体，借助互联网达成交易、进行支付结算，并采用快件、小包等行邮的方式通过跨境物流将商品送达消费者手中的一种国际商业活动。

    A. 国境   B. 关境   C. 组织   D. 机构

2. 阿里巴巴国际站平台的"Trade Assurance"提供了基于（ ）模式，外加基于供应商保质保量交货的担保模式。

    A. 信用证   B. 托收   C. 前 T/T   D. 后 T/T

3. 2014 年，阿里巴巴全资收购了（ ），通过互联网平台为中小企业提供外贸交易中所涉及的金融、通关、物流、退税、外汇等一站式的进出口环节服务。

    A. 一达通   B. 国贸通   C. 进口通   D. 自贸通

4. 2015 年 1 月 29 日，国家外汇管理局出台关于开展支付机构跨境外汇支付业务试点的通知，网络购物单笔交易限额由 1 万美元提高至（ ）美元。

    A. 3 万   B. 4 万   C. 5 万   D. 6 万

5. 2015 年 5 月 4 日，《国务院关于大力发展电子商务加快培育经济新动力的意见》发布，被称为电商（ ）。

    A."国五条"   B."国六条"   C."国七条"   D."国八条"

简答

1. 国家出台了哪些与跨境电商 B2B 相关的政策？

2. 跨境电商 B2B 从业者需要具备哪些方面的技能？

【实训参考方案】

跨境电商 B2B 模式认知实训

·实训目标

对跨境电商 B2B 模式有基本的实践认识，熟悉基本流程、法律和规则，了解跨境电商 B2B 的人才需求和能力要求。

·实训方式

通过对学习者所在地的跨境电商 B2B 行业发展情况调查并撰写实训报告来较为全面地认识跨境电商 B2B 模式以及人才能力要求。

·实训步骤

1. 收集数据和资料，分析学习者所在地的跨境电商 B2B 行业发展情况；

2. 联系和走访，或以应聘者的身份，了解一家具有跨境电商 B2B 业务企业的岗位分工、业务流程和工作要求；

3. 对照检查自身是否已具备了工作所需的知识和能力以及缺少的方面；

4. 将上述成果撰写成一份实训报告；

5. 制作 PPT 与同学们分享和讨论。

·实训评价

主要从以下几个方面评价学习者的实训成果：

1. 对所在地的跨境电商 B2B 发展情况调查和分析是否全面和深入；

2. 学习者是否了解跨境电商 B2B 的基本流程，是否认识到与传统外贸之间的区别；

3. 学习者是否了解跨境电商 B2B 的岗位分工，是否已意识到自身需要学习哪些知识和技能。

第二章

跨境电商 B2B 平台的选择

【学习目标】

本章旨在让学习者了解跨境电商 B2B 主要平台及其特点，了解当前主流平台具有哪些主要的功能，在此基础上对平台进行比较分析，以便根据自身的产品和业务情况，选择最为合适的平台作为主攻方向，再深入学习和研究该平台的规则和操作方法。

【知识要点】

1. 阿里巴巴国际站及其主要模块；

2. 中国制造网及其主要模块；

3. 环球资源网及其主要模块；

4. 分行业主要跨境电商 B2B 平台。

【核心概念】

1. 跨境电商 B2B 平台

2. 采购直达

3. 在线批发

【情境导入】

刚入职的小张非常勤奋好学，很快就把小金交给他的资料学习完了。接下来，小金要求小张熟悉一下跨境电商 B2B 的主要平台，特别是阿里巴巴国际站、中国制造网和环球资源网。小张将这几个平台都细细体验了一番，将平台概括、各项功能模块和平台特点整理成材料，向小金进行了汇报。小金看完材料后感到非常满意，他继续挖掘着小张的潜能："请你比较一下这些平台的特点，同时到样品间了解一下本公司的产品，分析一下哪一个平台最适合本公司。"小张顿时感到责任的重大，因为方向比勤奋更重要，选择一个最合适的平台进行重点投入和运营，能大幅提高公司跨境电商业务的效益。经过深入的分析，小张认为阿里巴巴国际站最适合公司的基本情况和产品。在得到小金认同后，小张开始深入地学习和研究该平台的规则和操作方法。

【引导案例】

2015 年初，由 23 家电商企业合资创立的针对俄罗斯市场的跨境电子商务平台——乐狐网（www.foxmall.ru）正式上线。网站以销售 3C 数码类产品为主，包括手机、平板电脑及相关配件和车用电子产品等。乐狐网瞄准俄语市场，采用 B2B 模式销售产品。其目标客户为俄罗斯中小批发商、零售商、本土 B2C 网站以及中国中小品牌的俄罗斯代理商。这些俄罗斯卖家在乐狐网采购后，再销售给俄罗斯的终端消费者。

针对俄罗斯市场，乐狐网首批共筛选出 500 多款电子产品上线，未来则将陆续上线家居用品、汽车装饰用品、户外用品、女性用品、家具五金配件及宠物用品等。支付方面，乐狐网可支持俄罗斯境内的 7 种在线支付方式。此外，其已与俄罗斯本地电子商务平台 Daozon、俄罗斯最大搜索引擎 Youngdex 等达成了战略合作。乐狐网前期试运行不足两个月销售额已近 100 万元。在时机成熟时，乐狐网模式将被扩展到乌克兰等东欧国家。在乐狐网的架构中，深圳为产品中心，哈尔滨为网站运营中心和物流中心，莫斯科则为客户服务中心、海外仓储中心、网站推广中心。乐狐网已在莫斯科设立分公司，建立了开放式展厅和实用仓储基地，并计划在叶卡捷琳堡建立 2500 平方米产品体验展厅，整合构建一条完整的物流系统。正常情况下，乐狐网都会事先将一部分产品备在俄罗斯的仓储中心中，使用海外仓发货时，俄罗斯客户下单后，最快可在两天内送达。而海外仓无备货时，来自深圳的货物则将通过公路和铁路等方式送达哈尔滨，再通过多种对俄物流渠道分拨配送至俄罗斯，总物流时间约为 15 天。

请思考：

（1）你最为熟悉的跨境电商 B2B 平台有哪些？试做一下简单的比较。

（2）为什么有些公司选择自建跨境电商 B2B 平台？

一、独立第三方平台介绍

（一）阿里巴巴国际站（http://www.alibaba.com）

Alibaba.com®
Global trade starts here.™

1. 平台介绍

阿里巴巴国际站是阿里巴巴集团的首个网站，也是我国最早的跨境电商 B2B 出口平台。阿里巴巴国际站专注服务于全球中小微企业，帮助中小微企业拓展国际市场，通过向海外买家展示、推广供应商的企业和产品，进而获得贸易商机和订单，是出口企业拓展国际贸易的首选网络平台。平台提供一站式的店铺装修、产品展示、营销推广、生意洽谈及店铺管理等全系列线上服务和工具。

阿里巴巴平台的发展经历了四个明显的阶段，不断完善平台的功能，从单纯的供求信息发布到交易撮合，再到跨境电商交易。2015 年下半年，阿里巴巴在平台上实现通过信用卡直接支付的功能，2016 年又实现了在线通过 T/T 支付交易的跨国转账功能，至此，阿里巴巴已经初步具备了在线交易的特征。阿里巴巴又通过收购"一达通"实现了在线安排海运、空运的功能，具备了在线完成物流组织的条件。另外，借助 2015 年推出的"信用保障体系"，阿里巴巴国际站完成了跨境电商 B2B 平台的贸易闭环和数据积累过程，从一个信息发布和交易撮合的平台进入了一个全新的跨境电商交易时代。

2. 主要模块介绍

（1）信息发布与推广

信息发布是供应商在平台建设店铺的基础，也是关键的一步，包括公司信息发布和产品信息发布。公司信息是公司店铺的重要组成部分，也是买家了解企业实力的依据，专业的买家在确定订单之前大都会去综合考量供应商的情况。供应商可以按照阿里巴巴平台提供的产品发布模板发布产品信息，包括产品类目、标题、图片、关键词、属性、交易信息等，还可以发布多语种产品。供应商发布的产品有意或无意地存在重复铺货、类目错放等一些不当的行为，这些行为打乱了正常的市场秩序，侵害了正常产品的效果利益，降低了买家的用户体验，这类不当的产品在搜索排序中会受到影响。搜索诊断功能将这些产品提示给供应商并给予一定的操作建议，使供应商发布的产品的排序免受不当行为的影响。搜索诊断主要包括六大板块：①商品基础信息质量；②优势商品；③问题产品；④供应商质量；⑤信用保障交易量；⑥关键词健康度。

阿里巴巴国际站的推广模块主要有外贸直通车（Pay For Performance，P4P）和在线营销（SEO）。外贸直通车是阿里巴巴会员企业通过自助设置多维度关键词，免费展示产品信息，并通过大量曝光产品来吸引潜在买家，按照点击付费的全新网络推广方式。外贸直通车的优势有：流量大，根据 Aleax 网站流量查询，P4P 所占的流量已超过阿里主站的一半；排名靠前，主搜区除了顶级展位和固定排名就是 P4P 产品；展示免费，P4P 的特点是"免费展示"加"点击扣费"；全面覆盖流量，

P4P 通过添加多维度关键词来进行全面推广；精准推广，P4P 可以灵活变动想推广的产品且可以精准把控推广时间段。在线营销（SEO）是指根据阿里巴巴国际站的排名规则，对产品信息进行各方面的优化，使产品的搜索结果尽量往前排，从而带来更多的流量。与外贸直通车比较，SEO 是一种免费的流量渠道而且流量比较稳定；询盘转化率也比较高；缺点是引流效果比较慢。

（2）采购直达

采购直达（Request For Quotation，RFQ）与平台中其他营销推广方式相反，它是由买家发起的，是指买家在阿里巴巴平台发布采购信息，以寻找合适的卖家；供应商查看到客户的采购需求后，根据买家要求及时报价以建立贸易关系。采购直达模块是一个公开的需求信息大市场，买家按照既定的表单，主动发布需求信息，卖家再选择合适的买家填写报价表单，如图 2-1。这个模块的优势在于：卖家直接掌握了客户的需求，主动开发客户；买家则通过采购需求的展示，获得了更多供应商的报价，能高效地找到优质的供应商；报价表单和订单管理为供应商报价和跟踪客户提供了便利。阿里巴巴国际站根据供应商在平台上展示的主营产品、主营类目，以及报价行为等信息，为供应商匹配最新的、与其产品和地区相符的采购信息。供应商也可以直接在采购直达模块中搜索查找，获得符合自身供应能力的精准采购信息；进一步把搜索关键词添加到"我定制的搜索"中，即可通过邮件和旺旺通知等方式得到与该关键词相关的采购信息。卖家在对这些信息及其买家的信息进行分析后，选择合适的采购需求填写报价表单进行回复，并做后续的跟进工作。

> 采购直达（RFQ=Request For Quotation）——阿里巴巴旗下跨境B2B平台一个高速增长的全新线上外贸大市场。它打破常规守株待兔模式，由买家发布采购需求，卖家根据买家要求主动报价并进行交易磋商，直至达成交易订单。

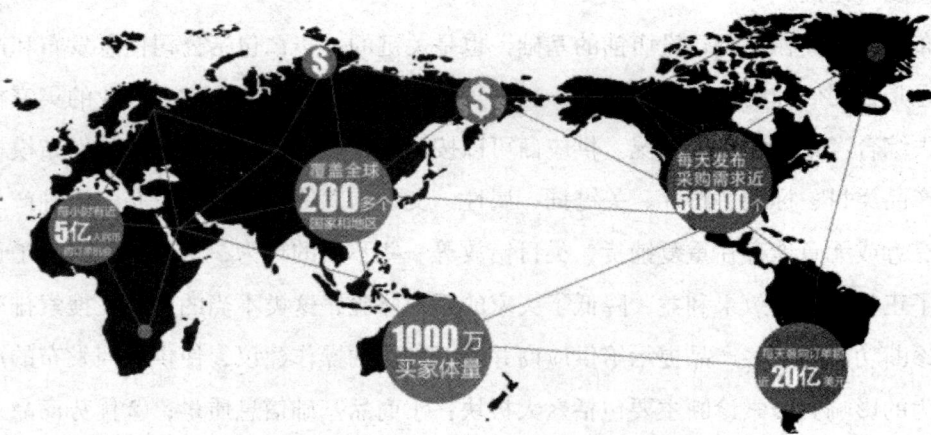

图 2-1　阿里巴巴国际站的采购直达

（3）交易磋商

阿里巴巴国际站的交易磋商模块包含询盘、外贸邮和 TradeManager 等功能。在传统线下贸易中，询盘以邮件、传真、电话等方式用来建立贸易关系和磋商合约。在阿里巴巴国际站，询盘借助了各类工具的辅助，如表单、邮箱、即时通信等，也具备了搜索排序等强大的后台管理功能，从商品信息展示到询盘形成一个连贯自然的场景。外贸邮是阿里巴巴为中小外贸企业量身打造的企业邮箱，成为阿里巴巴中国供应商会员并拥有独立的企业域名即可申请，具备专业、安全、免费和外贸专属的特点。询盘模块和外贸邮模块的区别在于，询盘模块是阿里巴巴平台接收询盘的系统，可以理解为"站内信"；而外贸邮开通之后，功能和普通的邮箱相同，邮件可以通过网址登录查收邮件，附带了网盘功能。但相对于普通邮箱，外贸邮更能树立企业形象，快速获得买家信赖。

TradeManager（简称 TM）被称为阿里旺旺的国际版，它是一款用于交易磋商的即时通信工具。除了实时聊天功能，TradeManager 集成了实时营销、商机和数据分析等多个模块内容，其工作台的基本功能有：实时主动营销，通过 TradeManager 消息的方式对阿里巴巴网站在线的买家进行营销；营销数据查询，动态提醒使卖家时刻了解买家动向，如图 2-2；商机管理，展示未读询盘数，使卖家第一时间掌握商机动态；产品诊断，展示当前所有的问题产品数据及不同类型问题产品的情况，使卖家及时把握提升效果、优化网站的良机；用户核心数据展示，展示当前卖家的核心数据，使卖家时刻关注自身效果。

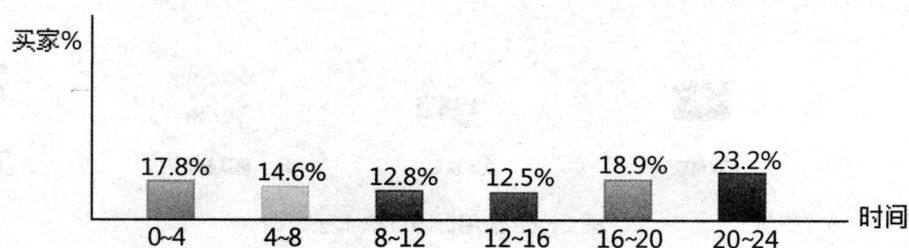

图 2-2　分析买家集中来访时间以尽量安排在线

※ 图片来自阿里巴巴国际站服务中心。

（4）信用保障服务

信用保障服务将供应商在阿里巴巴国际站上的行为以及真实贸易数据等信息不断沉淀，并作为其在信用保障额度的累积依据，阿里巴巴在额度范围内帮助供应商向买家提供贸易安全保障，帮助买卖双方解决交易过程中的信任问题，快速达成订单。符合无不良诚信记录、违规扣分少和遭侵权投诉次数少等条件的供应商皆可免费开通信用保障服务。首先，供应商使用"在线起草""上传合同"或"超级信用证"等方式起草信用保障订单；卖方起草订单确认后，买方需在 15 个自然日内付款并到账，否则卖方在 15 天后有权单方关闭订单，付款可以分为预付款和尾款，选用 T/T、信用卡或 e-checking，如图 2-3；卖方发货，选择是否选用"一达通"代理出口；买方确认收货后完成交易并评价，有需要也可在平台提起纠纷，如图 2-4。阿里巴巴国际站通过一些减免费用活动或奖励活动来推广使用这一功能，并与"一达通"物流服务相互融合，形成一个电子商务的闭环。

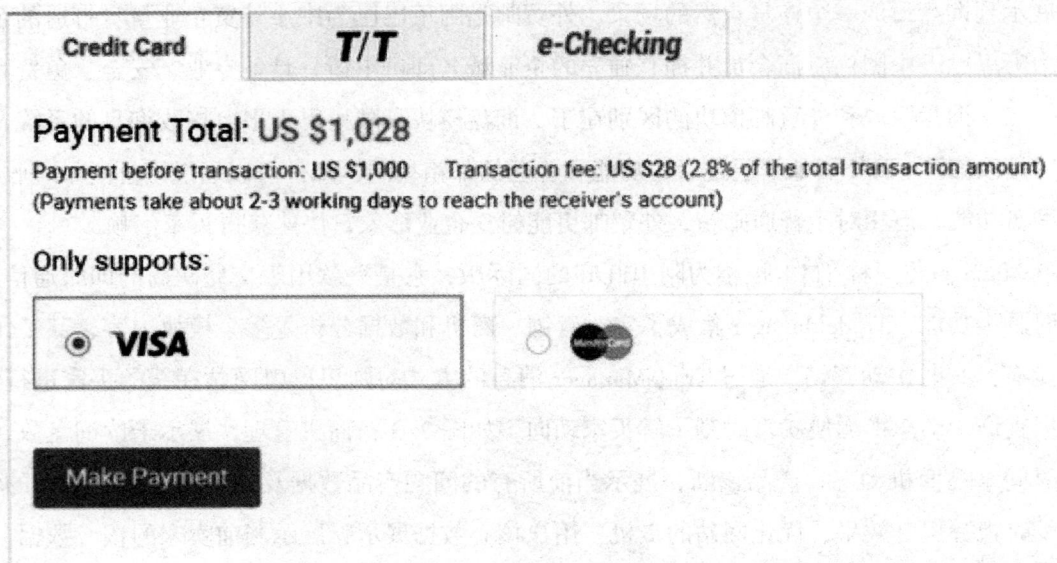

Credit Card | **T/T** | **e-Checking**

Payment Total: US $1,028

Payment before transaction: US $1,000   Transaction fee: US $28 (2.8% of the total transaction amount)
(Payments take about 2-3 working days to reach the receiver's account)

Only supports:

⦿ **VISA**   ○ MasterCard

Make Payment

图 2-3   买方付款界面

※ 图片来自阿里巴巴国际站服务中心。

下单确认 → 买家付款 → 卖家发货 → 确认收货 → 双方评价

图 2-4   信用保障订单流程

※ 图片来自阿里巴巴国际站服务中心。

（5）一达通外贸服务

阿里巴巴一达通（onetouch）是我国外贸服务创新模式的代表，也是我国服务企业最多，地域最广的外贸综合服务平台。阿里巴巴以集约化的方式，为外贸企业提供快捷、低成本的通关、外汇、退税及配套的物流、金融服务，以电子商务的手段，解决外贸企业的服务难题。这"一揽子"外贸服务解决方案即为"一达通外贸综合服务"。模块功能主要包括外贸基础服务、金融服务、物流服务。外贸基础服务分为出口综合服务（包括通关、结汇和退税）和出口代理服务（包括通关和结汇）；金融服务主要有流水贷、信融保、赊销保、锁汇保、结算宝等；物流服务包括陆运、海运、空运和快递；一达通外贸服务模块的价值在于：帮助国内外贸小企业降低流通成本，改善交易条件，为企业发展减负；降低外贸门槛，简化交易流程，促进外贸发展；周边增值服务促进企业发展。

【技能提示】

深圳市一达通企业服务有限公司成立于 2001 年，为中国第一家面向中小企业外贸综合服务平台，通过互联网为中小企业和个人提供金融、通关、物流、退税、外汇等所有外贸交易所需的进出口环节一站式服务，改变传统外贸经营模式，集约分散的外贸交易服务资源，减轻外贸经营压力、降低外贸交易成本、解决贸易融资难题。2011 年 11 月 15 日，阿里巴巴（中国）网络技术有限公司正式宣布，收购深圳市一达通企业服务有限公司，布局外贸"Work at Alibaba"平台，发力小企业出口全程服务，打通外贸交易链条。阿里巴巴通过投资一达通介入进出口交易服务环节，获得小企业进出口实时、真实、全面、庞大的交易数据，对于阿里巴巴分析小企业外贸市场意义重大，也将有助于阿里巴巴实现"分享数据第一平台"公司的愿景。

（6）在线批发

阿里巴巴国际站的在线批发模块主要是为了满足国际贸易中小额批发订单的需求，是一个一站式批发和在线交易平台。在线批发需要设置更为详尽的商品信息，以达到让顾客简单、快捷、全面地通过商品页面了解信息，并能够自助下单的目的。在线批发模式减少了买卖双方的交流成本，让采购和销售过程变得规范化和流程化。在线批发订单需要通过 Secure Payment 进行担保交易，极大地降低了双方的风险，使跨境交易过程更可靠。在线批发聚焦的是小额批发订单，因此在很多方面与跨境零售比较相似。但是，在线批发仍然以企业供应商为卖方主体，以国外企业进口商为买方主体，属于跨境电商 B2B 模式。

（二）中国制造网（http://www.made-in-china.com）

1. 平台介绍

中国制造网创建于 1998 年，是由焦点科技开发和运营的，面向全球市场提供产品的国内最著名的 B2B 电子商务网站之一，连续多年被《互联网周刊》评为中国最具商业价值百强网站。中国制造网的经营理念是弘扬中国制造，服务中小企业，促进全球贸易，旨在利用互联网将中国制造的产品介绍给全球采购商。因此，中国制造网最基本的服务是中国产品目录（Product Directory）。产品目录是中国制造网专业的"Made in China"网上产品数据库，覆盖了 26 个大类、1600 个子类、高达 1,000,000 种以上的中国产品数据，是全球采购商寻找中国产品的最佳途径。

中国制造网目前提供的是一个"金字塔"结构的服务模式，位于最底层的是占其收入来源最大比例的金牌会员服务；位于中间层的为提供的增值服务；处于金字塔尖的是认证供应商服务。焦点科技积极平衡中国供应商与全球采购商，注册免费会员与注册收费会员之间的服务与利益以维持中国制造网电子商务平台的持续稳定发展。中国出口商要摆脱价格战的纠缠，必须以提供增值服务及创新产品取胜，然而销售增值服务及创新产品比销售"低价"更加困难，远远不止在网站上罗列出您的产品信息那么简单。中国制造网以 12 年专注于贸易推广领域的经验，协助出口企业突出自身卖点，独有的竞争优势，接触更为优质的买家社群，帮助提升供应商的综合竞争力，改善单纯以价格竞争来获取订单的局面。为中国电子商务中心绘制的中国制造网的服务和收入模式的"金字塔"

结构图。在盈利模式上，我们可以发现：中国制造网的收入来源主要包括会员费用、提供增值服务所带来的广告与搜索排名费用，及认证供应商收取的认证费。中国制造网的盈利模式显示出与其服务模式相对应的"金字塔"结构：随着所提供服务的深化，相对应的所收取的费用也随之大幅提高，从信息服务向当前的交易支付仓储物流等综合服务方向转型。

2. 主要模块介绍

（1）信息发布与推广

在信息发布与推广模块，中国制造网的功能与阿里巴巴国际站大同小异。在产品发布方面，中国制造网的特点在于在平台中将办公环境虚拟化，产品上传、管理等相关功能都放到了一个称为"Virtual Office"的模块中。"Virtual Office"提供企业形象展示、产品发布、询盘管理、在线数据分析等多方位服务，就像一个网上的办公室。中国制造网对产品的分组中有一个非常特殊的组别，被称为"加密产品组"，便于供应商发布一些有专利技术但还未大规模投放市场的产品。供应商建立一个加密产品组后，可以针对这个组设置相对应的访问密码，只有被告知密码的客户才能访问这个产品组。

中国制造网的另一个特色是线上、线下相结合的复合型展会，如图2-5。中国制造网依托互联网的强大优势，利用新技术在线上呈现参展供应商的优质样品；同期线下，资深团队携带优质样品，落地该行业的明星展会，挖掘现场买家，吸引更多的优质买家通过made-in-china.com来找寻中国供应商，使供应商在线上线下收获订单。供应商可以在中国制造网线上参展，与全球买家在线洽谈或预约线下见面；买家可以通过VR、360° 全景展示完成在线验厂，全面了解企业实力，并可一键发送询盘，与供应商实时沟通。同时，中国制造网还优选行业精品，在各大行业的明星展会上展示，帮助供应商挖掘展会现场意向买家。

图2-5　中国制造网线上线下相结合的复合型展会

（2）交易磋商

中国制造网的交易磋商模块中也有询盘和即时通信工具。买方在中国制造网搜索到计划采购的商品后，可以将来自多个供应商的该商品一起加入购物车进行比较，包括价格、最低订单量、贸易条件、付款方式、质量标准、产品属性和供应商信息等。买方在比较后，向供应商发送询盘。供应商收到询盘后，双方开始进行交易的磋商。与阿里巴巴国际站不同的是，中国制造网询盘邮件，虽然可以采取群发的形式，但本质上是有目标的一对一发送的形式；而阿里巴巴国际站的询盘会提示，当你的询盘在 24 小时内没得到回复的话，可以由系统自动选择匹配的供应商群发该询盘。因此，阿里巴巴国际站的询盘数量会更多，而中国制造网的询盘则更有效。

与阿里巴巴国际站的 TradeManager 一样，中国制造网也有自己的即时通信工具——Trade Messenger（麦通，以下简称 TM）。Trade Messenger 依托于专业的外贸 B2B 平台中国制造网，为广大中国外贸企业客户及全球买家提供即时通信服务，可以下载软件包安装，也可以通过 Web 版，无须安装即可使用。TM 区别于其他即时通信工具的最大之处在于，它专注于贸易，从设计到应用，都带有浓郁的商务特色。TM 具有快速文件传递、截图、聊天记录保存等多种贸易应用功能，涵盖洽商过程中所必需的方方面面。此外，TM 还与中国制造网上客户的在线管理系统进行了结合：中国制造网的账户管理员可随时了解每一个子账号上由 TM 发起的交谈记录，以及 TM 上的好友情况，以便于企业管理；同时，买家可以用 TM 与产品对应的子账号用户联络，也可以与该公司任意在线的业务员直接联系，大大增加了买卖双方的洽商机会。即时视频、语音、跨国网络电话、多方会谈等功能也将被完善和增加。

（3）外贸服务

与阿里巴巴国际站一样，中国制造网也有自己的外贸综合服务平台——焦点进出口服务有限公司，为国内生产企业将产品出口全球提供一站式外贸全流程解决方案，内容包括报关报检、船务物流、退税申报、外汇收结、出口信保、订单融资，企业可根据自身需求进行服务定制。物流方面，中国制造网引入优质物流服务商，为会员朋友提供优质的物流服务，帮您节省询价时间，放心走货，如图 2-6。入驻物流服务商均出自各大港口实力企业，拥有无船承运人证书，可提供多元化的进出口物流服务。平台还提供了运费查询功能，帮助供应商估计物流成本和船期。另外，中国制造网还有以海外仓库服务为特色的仓储物流服务平台。供应商可以先将商品批量运至海外仓，然后向进口国本土发货，将运输的相关风险前置，降低单次运输的风险，同时提升发货的时效，提升买家信任度，配合退换货服务，提升整体服务能力。

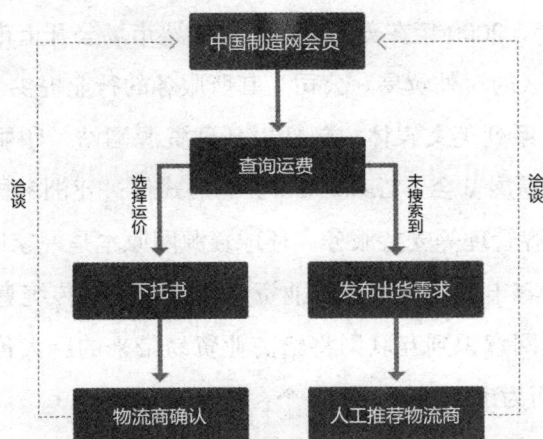

图 2-6　中国制造网的国际物流服务

※ 图片来自中国制造网会员 e 家。

【技能提示】

无船承运人以承运人的身份接受货主（托运人）的货物，同时以托运人的身份委托班轮公司完成国际海上货物运输，并根据自己为货主设计的方案路线开展全程运输，签发经过备案的无船承运人提单。无船承运人购买公共承运人的运输服务，再以转卖的形式将这些服务提供给包括货主在内的其他运输服务需求方。其盈利方式是按照海运公共承运人的运价本或其与海运公共承运人签订的服务合同支付运费，再根据自己运价本中公布的费率向托运人收取运费，从中赚取运费差价。对于无船承运人责任的认定，一般是参照中国海商法第四章第二节规定的承运人的责任加以确定。

（4）中美跨境贸易平台

中国制造网除了提供外贸服务，还帮助国内中小企业"走出去"。企业"走出去"能增进与当地市场的相互理解，减少对当地中间商的依赖。中美跨境贸易平台为中小企业"走出去"提供的服务有：帮助中国企业在美国落地的行政服务，如公司注册、会计、税务、法务服务等；分销渠道服务，为企业提供海外仓和当地的分销渠道；仓储物流和企业展示服务，让买家可以直接在美国当地看样取货，大大提升了产品销售和售后服务的响应时间；帮助企业利用美国当地利率相对较低的融资服务；整体提升中国企业在美国本土化之后的品牌和信任度。因此，中国制造网除了提供跨境电商平台帮助企业吸引全球买家的关注和取得订单之外，更加深入地帮助企业真正"走出去"到美国市场，然后延伸到欧洲、中东等更多的国家。

（三）环球资源网（http://globalsources.com）

global sources
Reliable exporters: find them and meet them

1. 平台介绍

环球资源成立于 1970 年，2000 年在美国纳斯达克股票市场公开上市，是一家多渠道 B2B 媒体公司，致力于促进大中华地区的对外贸易。公司为其所服务的行业提供最广泛的媒体及出口市场推广服务，核心业务是通过一系列英文媒体，包括以环球资源网站、印刷及电子杂志、采购资讯报告、"买家专场采购会"、贸易展览会（Trade Show）等形式促进亚洲各国的出口贸易，同时提供广告创作、教育项目和网上内容管理等支持服务。环球资源网原本是一家以采购商为主要对象的广告公司，为各国采购商提供内容丰富而翔实的行业资讯，并非一家传统意义上的跨境 B2B 平台。随着互联网的兴起，环球资源网意识到互联网将给商业贸易带来的巨大价值，上线了环球资源在线（Global Sources Online），从而为出口商提供了一个在线服务平台。

无论是哪一种跨境电商 B2B 平台，它们的基本操作思路都是一样的，都是基于互联网，都具备互联网的特点，大致可以分为产品模块、推广模块和数据模块几个部分，进一步地发展出在线交易和在线组织安排物流部分，如阿里巴巴国际站。中国制造网已有在线组织安排物流部分，而没有在线交易部分。环球资源在这两个方面虽更显落后，但已奋起直追。2016 年底，环球资源计划与深圳保宏电子商务综合服务股份有限公司共同开发一个综合全面的电子商务解决方案，以促进我国出口商和海外买家之间更高效的跨境贸易。这个综合系统将包括以下各项服务：电子报关及清关、全面整合海关、银行和货运资讯、出口企业可通过自己的账户完成退税申请。通过这项服务，买家和卖家将会更加清晰地了解并掌握整个交易过程不同阶段的进度，包括结算情况、产品检验和货运状态等。

2. 主要模块介绍

环球资源网的特点在于它对多种推广渠道的整合，表现在平台中相应功能之间的相互作用，产生推广的叠加效应，如图 2-7。电子杂志和采购资讯报告、贸易展会和买家采购会，结合产品发布和交易平台，共同促进产品的出口。例如，环球资源主办的展会中很多买家都是关于网站和杂志的用户，那么就可以在网站和杂志中了解展会和参展商后再有备而来。

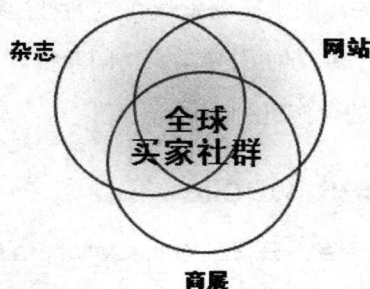

图 2-7 环球资源通过多种推广渠道的相互作用产生推广的叠加效应

（1）电子杂志与采购资讯报告

随着网络和阅读终端技术的发展，电子杂志逐渐深入人心，买家也更倾向于利用电子杂志进行查询及采购。顺应环保趋势及买家采购习惯，环球资源在平台的"Magazines"板块（首页左上角）全面推出 18 个行业的电子杂志，如图 2-8 和图 2-9。环球资源的电子杂志特点是：便于携带和保存，买家可随时随地查阅产品信息，增加产品曝光机会；具有方便的查询发送功能、强大的搜索功能及快速的检索功能；专业团队免费打造 B2B 广告，专业的广告设计团队为每一位客户度身设计独特卖点突出的广告；在采购交易会现场向最具诚意的展会买家派送电子杂志的 CD 和 U 盘；同时，环球资源积极通过各种买家聚集的媒体进行强势推广，为供应商赢得更多买家关注。随着手机、Ipad 等便携式多媒体使用的不断增多，环球资源与时俱进推出电子杂志 App 版本，以帮助供应商多重曝光。

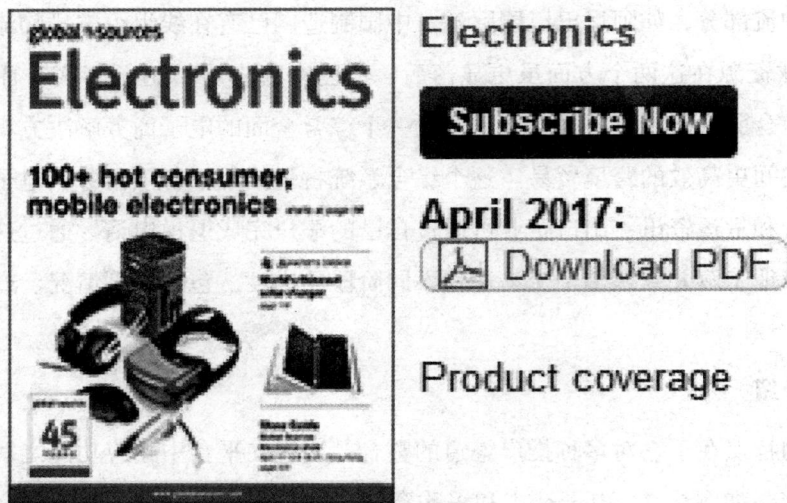

图 2-8　环球资源网站的电子杂志

对于买家，电子杂志最大的便利之处在于买家浏览杂志时，看到感兴趣的产品时，只需点击"在线查询"按钮，即可直接向其关注的供应商发送在线询盘！对于供应商，电子杂志中添加了其在环球资源网站上的推广网页链接，更方便引导买家访问其推广页面，了解产品信息，且可以突出独特卖点，为买卖双方创造了更多的合作机会。

图 2-9　环球资源移动端的电子杂志

环球资源"Magazine"功能板块下，还有一个"Souring Reports"的子版块，提供菲律宾、印度、越南、尼泊尔等中国以外发展中国家的采购资讯报告，帮助买家从这些发展中国家找到可靠的供应商、优质的产品，并提供最新的相关市场研究，报告内容主要包括：最畅销产品的说明与样本图像；经验证的可靠供应商的联系方式；产品特性和定价的最新趋势；深入的覆盖当前行业发展的市场情报。

（2）自主举办的贸易展会

环球资源每年在上海、深圳、西安、香港、迪拜、孟买、南非、新加波、迈阿密等地主办一些贸易展会，可以在网站首页左上角的"Trade Shows"中查看，包括电子产品、家居礼品、时尚用品等，国内的供应商只要购买其中的展位，就可以前往这些城市参展。尤其是环球资源在香港亚洲国际博览馆电子产品展是全球最大的电子产品展，设有逾 6000 个展位，每期均能吸引来自 140 多个国家或地区的优质买家莅临参观，发掘新产品、新科技及新构思。展会主要展示消费类电子产品、VR 及游戏设备、电子元件及智能生活产品和智能手机、平板电脑、可穿戴产品及配件等移动电子产品。展会参展商大部分为中国内地制造商，参展商的商业登记信息通过了第三方认证公司的认证审核。

（3）增值服务

买家专场采购会则是环球资源一种独有的推广方式。环球资源定期邀请国际知名大买家，在环球资源公司召开某类产品的专场采购会。能够出席的供应商都已通过环球资源严谨的筛选程序，使得买家和供应商在会面时能直接讨论产品细节及洽谈业务。环球资源与其他平台有一点不同，就是环球资源会审核供应商上传的图片质量，会审核供应商发布的产品英文描述、企业介绍等信息。对杂志客户来说，还有广告创意、独特卖点的提炼等服务。这些服务的质量旨在给买家更好的采购体验：更快的访问速度；更专业的描述；更有参考性的产品图片。

二、主要垂直平台介绍

上述的阿里巴巴国际站、中国制造网、环球资源都属于综合型跨境电商 B2B 平台。综合型跨境电商 B2B 平台的信息非常丰富，供应商很多，行业及产品分类齐备。除了综合型跨境电商 B2B 平台，还有另一类我们可以相对应地称为分行业的专业型跨境电商 B2B 平台，这一类平台的优点在于更重视自身平台的推广，以及专业性、行业性关键词在搜索引擎端的表现。我们在这里选取几个代表性的专业型跨境电商 B2B 平台作为例子进行简单的介绍。

（一）五金工具行业——全球五金网国际站

全球五金网国际站（http://www.wjw.com）成立于 2000 年 12 月，总部位于中国杭州，是中国五金机电行业领先的 B2B 电子商务网站，也是目前全球客户量、访问量、数据量最高的五金行业门户网站。全球五金网是五金机机电行业原材料采购、产品分销、配件选购的集散中心，为五金机电行业的企业及生意人提供基于互联网的品牌宣传、企业推广、贸易撮合、产品销售、在线交易、解决方案等服务。平台的买家查询分布依次为 24% 来自欧洲、23% 来自中东、20% 来自北美洲、18% 来自东南亚，其后是非洲、南美洲和大洋洲。

作为分行业的跨境电商 B2B 平台，全球五金网国际站的合作伙伴均为专业的五金行业协会，其对外推广也集中在专业的五金展会和媒体。平台为供应商提供面向全球客户的个性化网上展厅，24

小时展示公司最新、最具特色的产品和服务项目。"贸易赢家"会员（Trade Winner）享受专属的搜索引擎的优化服务，采用对口的行业词汇和产品关键词，确保企业展厅获得有效的访问。采购商大部分拥有良好的专业知识和认真的采购态度，可以直接发送采购询盘给"贸易赢家"会员或者发布采购招标。"贸易赢家"会员可以享受产品关键词搜索结果排名靠前和产品子类目下排名靠前，获得极高的曝光率并在众多的同行企业中脱颖而出，获得的询盘是免费会员的 30 倍；还可以享受产品关键词搜索结果下的右侧产品广告展示、首页品牌广告等，使产品将获得极高的关注和访问率。

（二）纺织服装行业——全球纺织网国际站

全球纺织网（http://www.tnc.com.cn）是权威的纺织行业门户网站，一直致力于为中国乃至全球的纺织企业提供最有价值的专业资讯服务，推动国际纺织贸易的发展，拥有纺织行业会员 40 余万，云集了 11 万多采购商，每天 120 万的 PV（网站访问量），客户来自全球 80 多个国家，覆盖了原料、面料、家纺、服装等 17 个纺织领域。网站形成了强大的信息优势：拥有行业新闻 10 万条，供应信息 40 万条，采购信息 21.5 万条，公司库 9.7 万个，产品库 11.3 万个。依托年成交量超 276 亿的亚洲最大纺织品市场——中国轻纺城，拥有最丰富的信息资源，并在全国组建了 60 多个信息联盟。与经贸组织、行业协会、纺织院校、展会机构等开展多种方式合作，提供网上、网下多种形式的专业贸易服务。

全球纺织网国际站（http://www.globaltextiles.com）于 2000 年成立，其优势是位于中国轻纺城，拥有超过 30 万家供应商。采购商可以在该平台搜索产品并发送询盘给供应商，也可以通过发布"采购需求"来吸引供应商。该平台的特点在于线上线下相结合的采购旅行（GlobalTextiles Buying Trip），同时结合了买家见面会和展会。2017 年度的第 19 届采购旅行安排在 5 月 6 日至 8 日，适逢第 121 届广交会结束，组织采购商到纺织品产业集群与当地纺织品厂商进行面对面交流，参观他们的厂房和样品间，并洽谈订单。通过采购旅行，采购商可以找到新的供应商，得到实惠的价格，并减少交易成本，同时在产业集群能了解到纺织品行业的最新进展。一年两次的买家见面会对采购商是免费的，并提供两晚免费的酒店服务，而采购商则需提前申请并告知采购需求。

（三）化工行业——全球化工网

由网盛科技创建并运营的中国化工网（http://www.chinachemnet.com）是国内第一家专业化工网站，也是目前国内客户量最大、数据最丰富、访问量最高的化工网站。中国化工网建有国内最大的

化工专业数据库，内含 40 多个国家和地区的 2 万多个化工站点，含 25000 多家化工企业，20 多万条化工产品记录；建有包含行业内上百位权威专家的专家数据库；每天新闻资讯更新量上千条，日访问量突破 1000,000 人次，是行业人士进行网络贸易、技术研发的首选平台。全球化工网（http://www.chemnet.com）是中国化工网的兄弟网站，集一流的信息提供、超强专业引擎、新一代 B2B 交易系统于一体，享有很高的国际声誉，并开通了韩国的当地站点。

三、跨境电商 B2B 平台的选择依据

各种类型的跨境电商 B2B 平台各有特点和不同的优势，外贸企业需要结合自身的定位和实力进行权衡比较，选择适合自己的平台开拓跨境电商业务。

（一）企业自身的定位

企业自身的定位主要包括目标市场定位和产品定位。外贸企业首先需要明确目标市场在哪里，如美国市场、欧洲市场、非洲市场等，同时还要明确自身产品的特点。如果企业产品比较杂，种类比较多，可以选择综合型的跨境电商 B2B 平台，比如阿里巴巴国际站。阿里巴巴国际站的包容性很强，涉及种类非常多的产品；如果企业有重点开拓的目标市场，比如美国市场，那么可以选择中国制造网，中国制造网建立了中美跨境贸易平台。综合型 B2B 平台虽然产品种类多，但也有偏向性，比如环球资源主要是在电子产品和礼品等方面有优势。如果企业产品属于某个专业领域，比如化工或医药，则可以选择分行业的专业型跨境电商 B2B 平台。买方利用搜索引擎搜索该类产品关键词，比如"medical industry"，就会搜索到医药行业的跨境电商 B2B 平台。

（二）平台费用与企业实力

依托跨境电商 B2B 网站开拓国际市场也需要投入不少的费用，企业是否能承担这些费用或者是否觉得值得支付这些费用也是不得不考虑的一个因素。一些大型的 B2B 平台里的供应商非常多，竞争非常激烈，必须投入很高的会员费以获得较高的权限或者购买付费服务才能获得理想的收益，企业需要结合自身的实力进行选择。例如，从阿里巴巴国际站、中国制造网和环球资源三家平台的费用比较可以看出，环球资源的门槛最高，通常小企业很难承受；中国制造网的性价比最好，比较适合资金实力一般的中小企业，如表 2-1。实力还不强的中小企业也可以选择避开大型平台中的费用拼杀，选一个适合自己的平台或者所在行业的专业平台，通常只需要花费较少的费用，或者免费就能够获得较高的权限。

表 2-1　阿里巴巴国际站、中国制造网和环球资源网的会员费用比较（2017 年）

跨境 B2B 平台	阿里巴巴国际站	中国制造网	环球资源网
会员服务（元/年）	阿里巴巴国际站"出口通"的基础会员价格为 29800 元每年；金品诚企的各项服务总计为 138800 元每年	中国制造网"百销通"的基础版会员价格为 2800 元每年；"百销通"高级版会员价格为 5800 元、8800元、16800 元和 28800 元每年四种	环球资源"已核实供应商"分为 1~6 星级，各星级的会员价格从低到高一般维持在 2 万左右、5 万左右、10 万左右、15万左右、20 万左右、40 万左右

（三）平台的推广能力和影响力

选择海外推广能力和影响力更强的跨境 B2B 平台可以为供应商带来更多的潜在买家。我们可以用 www.alexa.cn 或类似的网站来分析某个平台在海外的知名度和浏览量。比如，我们对比一下在2017 年 6 月份某一天查询的阿里巴巴国际站、中国制造网、环球资源网的排名情况，如表 2-2。

表 2-2　阿里巴巴国际站、中国制造网、环球资源网的影响力比较

	全球排名	国内排名	GDP 前列国家的当地排名	电商网站中的排名
阿里巴巴国际站	199	81	美国（394）、日本（699）、德国（444）英国（317）、法国（143）	15
中国制造网	2221	857	美国（11325）、日本（10312）、德国（7970）英国（6104）、法国（4650）	37
环球资源网	2375	1612	美国（4296）、日本（22366）、德国（11674）、英国（1902）、法国（1389）	—

如上表，阿里巴巴国际站的影响力明显高于中国制造网和环球资源网。中国制造网的排名略高于环球资源网，但环球资源网在美国、英国和法国等主要国家的影响力要高于中国制造网。供应商在选择跨境 B2B 平台时，可以利用相关网站结合自身的定位做进一步的分析，比如对某个主要目标市场的平台具体使用情况进行比较。

【即问即答】

1. 阿里巴巴国际站、中国制造网和环球资源网，哪一个平台的影响力最大？

（四）自建跨境电商 B2B 平台的利弊

相对于入驻第三方平台，有些外贸企业采取自建跨境电商 B2B 平台的方式开拓国际市场，比如大润发等一些采用 O2O 模式的连锁超市、假发龙头瑞贝卡。自建平台能使企业在网站功能设计、上架产品种类和数量、促销活动和优惠设置等各方面不受到第三方规则的限制，自我控制力比较强，能实现一切所需的功能。自建平台的弊端在于对网站的开发和维护成本投入更大，不仅要付出研发成本，还要付出更多推广成本和运营成本；需要解决网站引流能力这一关键问题，搜索引擎优化和社交网站营销是自建平台主要的两个免费流量入口，但竞争已非常激烈。阿里巴巴国际站等第三方平台在国外有自身的品牌影响力，能够得到国外买家的信任，而企业自建平台很难达到这样的

影响力。另外，自建平台无法借用第三方电商平台的供应链资源，比如为了便捷的货款支付，自建平台可能需要融入第三方付款通道。

【即问即答】

1.什么样的公司才具备自建跨境电商 B2B 平台的条件？

本章小结

当前，我国跨境电商 B2B 的主流平台中，有综合型的平台，如阿里巴巴国际站、中国制造网、环球资源网等；还有分行业的平台，如全球五金国际站、全球纺织网国际站、全球化工网等。这些平台各有特点，各具优势。跨境电商 B2B 出口商需要熟悉这些平台的特点和它们的功能模块，再结合自身的实力和产品特点选择主攻平台开展运营。当然，出口商也可以选择自建平台，但要分析清楚其中的利弊。

自我测试

单项选择

1.（　　）于 2015 年推出了"信用保障体系"，完成了跨境电商 B2B 平台的贸易闭环和数据积累过程。

A.敦煌网　　　　　B.阿里巴巴国际站　　　　C.中国制造网　　　　D.环球资源网

2.（　　）搭建了中美跨境贸易平台，除了提供外贸服务，还帮助国内中小企业"走出去"。

A.敦煌网　　　　　B.阿里巴巴国际站　　　　C.中国制造网　　　　D.环球资源网

3.（　　）特点在于多种推广渠道的整合，以电子杂志、采购资讯报告、贸易展会、买家采购会，结合产品发布和交易平台，共同促进产品的出口。

A.敦煌网　　　　　B.阿里巴巴国际站　　　　C.中国制造网　　　　D.环球资源网

4.当前，以下跨境电商 B2B 平台中进入门槛最高的是（　　　　）

A.敦煌网　　　　　B.阿里巴巴国际站　　　C.中国制造网　　　　D.环球资源网

5.当前，以下跨境电商 B2B 平台中推广能力和影响力最大的是（　　　　）

A.敦煌网　　　　　B.阿里巴巴国际站　　　C.中国制造网　　　　D.环球资源网

简答

1.跨境电商交易平台与信息平台有哪些区别？

2.比较利用第三方平台和自建跨境电商平台的利弊。

【实训参考方案】

跨境电商 B2B 平台比较与选择

·**实训目标**

熟悉阿里巴巴国际站、中国制造网和环球资源网等当前主要的跨境电商 B2B 平台，以及一些分行业的平台，对这些平台的主要模块和特点有基本的了解。

·**实训方式**

学习者注册并访问跨境电商 B2B 平台（有条件的学习者尽量获得权限较高的账号来访问），体验这些平台的模块构成和基本功能。

·**实训步骤**

1. 注册并访问三大跨境电商 B2B 平台以及自选一些分行业平台；

2. 对了解或体验过的平台模块逐一记录，并对其功能特点进行简要的描述；

3. 体验完后对平台进行评价和比较；

4. 教师分配一些产品给学习者，请学习者选择平台，并说明理由；

5. 将上述成果撰写成一份实训报告。

·**实训评价**

主要从以下几个方面评价学习者的实训成果：

1. 对跨境电商 B2B 平台的体验是否完整；

2. 体验过程中是否进行了记录和功能特点描述；

3. 从实训报告中对平台的评价和比较情况以及平台选择是否合理，考查学习者对平台的了解程度。

第三章

独立第三方平台账号开通与营销推广

【学习目标】

本章旨在让学习者以影响力最大的跨境电商 B2B 平台阿里巴巴国际站为例，掌握在平台开设店铺的能力，包括开通店铺、发布产品和设计装修等；掌握搜索诊断与优化、外贸直通车、多语言市场等基于买方搜索的营销推广能力；掌握访客营销、搜索引擎、社交网络等基于卖方主动寻求买方的营销推广能力；掌握跨境电商 B2B 的品牌营销推广能力。

【知识要点】

1. 阿里巴巴国际站产品发布规则；

2. 基于买方搜索的营销推广方法；

3. 基于卖方主动寻求买方的营销推广方法；

4. 跨境电商 B2B 的品牌营销。

【核心概念】

1. 搜索诊断

2. 外贸直通车

3. 访客营销

4. 品牌营销

【情境导入】

经过比较分析和讨论，小金采纳了小张的意见，将阿里巴巴国际站作为公司跨境电商业务的主要平台。明确了方向后，小金开始给小张布置任务：在熟悉阿里巴巴国际站相关规则的基础上，开通店铺、设计装修和发布产品；利用搜索诊断功能对产品进行优化；在多语言市场选择主要目标国家的语言开通店铺。任务完成后，小金细细查看了一下，对店铺设计和发布的产品都非常满意。他告诉小张，公司将专门投入一笔跨境电商的营销推广费用，请小张先策划一个营销推广方案。小张认为，在跨境电商 B2B 平台营销推广公司产品有两个方向：一是利用关键词优化、外贸直通车等方法让公司产品的搜索排名靠前，从而被更多的买家关注到；二是利用访客营销、搜索引擎、社交网络等方法主动寻找和联系买家。经过专业课程学习，具有较强品牌意识的小张，建议公司注重品牌的打造，并在策划案中说明了几种跨境电商 B2B 模式下的网络品牌营销方法。

【引导案例】

当前，靠无底线的价格战野蛮成长的跨境电商遇到了瓶颈。为了提高核心竞争力，跨境电商经营者都在绞尽脑汁寻找破局之路，采用各种营销推广方法，同时注重品牌的培育。Sheinside 是一家定位于街拍潮流服饰、快时尚的女装以及配件的跨境电商网站。"80 后"的创始人和他带领的 100 多人的年轻团队在短短的两年时间把 Sheinside 带到了一个新的高度。我们来看看它是如何开展营销推广的。

流量是所有跨境电商企业的命脉，通过流量来源成分组成情况，可以看到他们的运营思维和营销方向，再进一步挖掘掩盖在数据背后的秘密。首先，直接流量占据 Sheinside 所有流量的近 40%，说明有近 40% 的访问者是直接输入域名访问的，也就是说 Sheinside 在海外的整体知名度很高，同时回头客的比重相当高。其次，是超过 30% 的引荐流量，这是 Sheinside 营销特色所在。这些引荐流量来源于时尚博客主聚集地的几个网站，说明 Sheinside 的博客营销非常成功。它通过赞助当下时尚博客主的意见领袖，通过这些网络的流量节点，利用他们意见领袖的影响力扩散到粉丝，进而将这些粉丝转化为客户这一过程。从而达到使品牌知名度不断地提升的目的。除此之外，时尚博客主意见领袖都拥有自己完整的一个社交网络，比如他们会同时拥有博客、Facebook、Lookbook、Instagram 等一系列的社交平台，他们在发布帖子的时候，都是联动发布，所有的内容会同时发布到这些社交网络中，也就是能帮助 Sheinside 进行立体式全方位的品牌宣传。当整个网络各个角落都在谈论着一个品牌的时候，这时候品牌效应就慢慢出来了。这种营销方式还给 Sheinside 带来了良好的 SEO 效果，提升了自然搜索流量。而搜索流量（包括自然搜索和付费广告）仅占总流量的16%，说明 Sheinside 通过付费广告来获取用户的投入费用相当少。同时，Sheinside 还开通了俄语等多语种网站。

本案例主要内容来自"雨果网"。

请思考：

（1）试举例你在电商平台购买过的一种产品，你是用什么词去搜索它的？

（2）你比较认可哪一种跨境电商营销推广方法？

（3）有没有在跨境电商平台中接触并认可某一品牌？

一、开设店铺与发布产品

（一）公司认证

在阿里巴巴国际站开设店铺，首先要进行公司认证和信息审核。公司信息是店铺的重要组成部分，也是买家了解企业实力的依据，买家在有订单意向之前大都会综合考虑一下供应商的公司信息。因此，我们要用文字、图片及视频等各种方式向买家展现公司的方方面面。登录阿里巴巴国际站后台，点击"建站管理"，到"管理公司信息"，选择企业的经营模式，最多可以选三种，如图3-1。

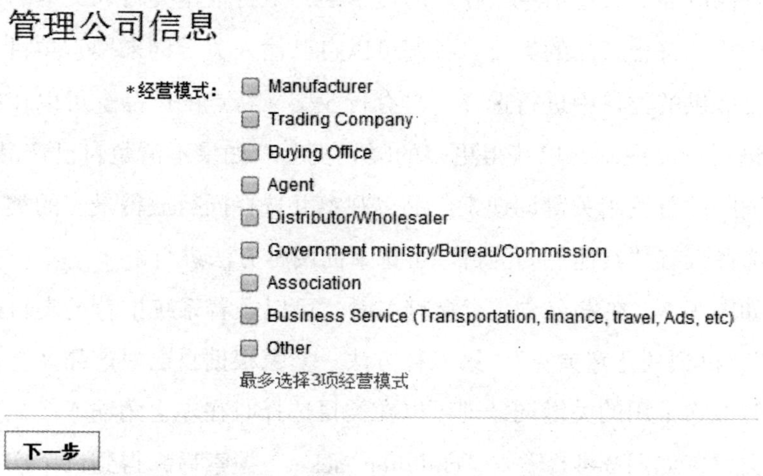

图3-1　阿里巴巴国际站选择公司经营模式

之后进入公司信息管理界面，填写"基本信息""工厂信息""贸易信息""展示信息""证书、商标及专利"等内容，如图3-2。基本信息包括公司名称、注册地等；工厂信息包括工厂地址、面积、研发和质检人员数量等；贸易信息包括上一年销售额、主要市场占比等；展示信息包括公司标志、公司详细信息和展示图等；最后上传证书、商标和专利等，提交完成。

图3-2　阿里巴巴国际站填写公司信息

（二）发布产品

产品信息是店铺建设最为关键的一步，在公司信息提交审核过程中即可预先发布 24 个产品，待审核通过即可上架。买家非常关注产品信息的细节描述，清晰的描述能快速取得买家的信任。发布产品信息包括类目选择、产品标题设置、关键词设置、产品图片上传、产品属性和交易信息填写、产品详情描述等步骤。待所有资料准备齐全后就可以进入产品发布：

1. 类目选择

类目是对产品的归类，每个产品都有属于自己的类目，客户从类目中搜索产品。产品被放错类目将导致买家无法找到该产品。跨境电商 B2B 平台搜索排序功能的目标就是让客户快速高效地匹配到最合适的产品或者供应商等其他信息。在产品搜索中，平台根据类目和文本的关联程度筛选。因此，发布产品首先要找到符合产品的类目。我们可以自己输入关键词来搜索类目，也可以按照大类到小类的顺序在平台提供的类目中进行选择。具有行业交叉特点的产品，可以在准确的基础上，选择多个合适的类目进行产品展示，以获得更多的曝光机会。如果不清楚自己产品放哪个类目合适，可以回到阿里巴巴国际站首页用关键词搜索产品，观察并选择同行放得最多的类目和系统展示最多的类目，最好不要选择带有"其他"的类目。可选下面两种方法进行。

第一种方法，如图 3-3，在发布"儿童夹克"时，可以顺着系统推荐的类目进行选择，从"服装"到"儿童服装"，再到"儿童夹克"。第二种方法，卖家根据自己对产品及行业的调查，已筛选出买家搜索该产品时最为常用的关键词，则可以在类目选择时在左上角输入产品关键词，然后再选择最为合适的产品类目。如图 3-4，输入"chilidren jacket"搜索后，得到三个产品类目，也可以选择到"儿童夹克"的产品类目。

图 3-3　阿里巴巴国际站系统推荐类目选择

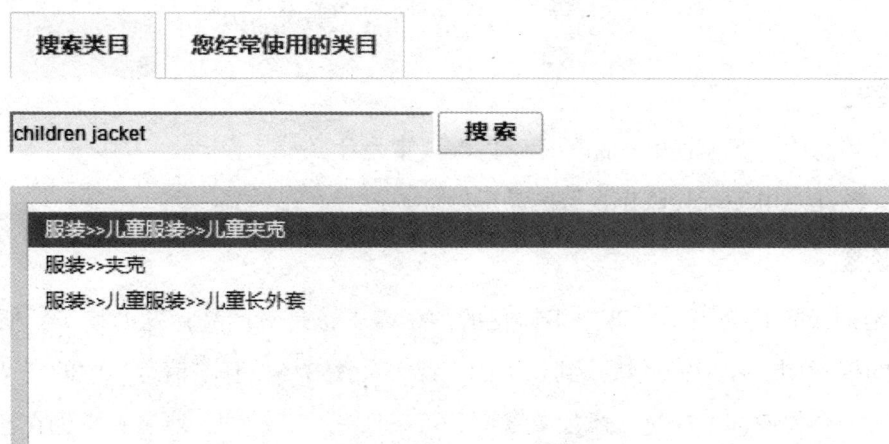

图 3-4 阿里巴巴国际站按关键词选择类目

要特别注意的是，有些特殊的商品必须放置在指定的类目下，如放置在指定类目以外的类目下，将可能被视为规避类目而受到处罚：

（1）非处方药信息，应放置在 health &medical>medicine 类目下；

（2）烟花爆竹信息，应放置在 Gifts & Crafts > Festive & Party Supplies > Fireworks & Firecrackers 类目下；

（3）警用品信息，应放置在 Security & Protection>police & military supplies 类目下；

（4）弓弩信息，应放置在Sports & Entertainment > Outdoor Sports > Hunting > Bow & Arrow类目下；

（5）音像制品信息，应放置在 Consumer Electronics> electronic publications 类目下。

2. 标题设置

确定类目后就是产品标题的设置，如图 3-5 "基本信息"中的"产品名称"。标题是产品的主要信息，是买家搜索产品的第一匹配要素，产品标题是否符合买家的搜索习惯，很大程度上决定了产品的排名。

产品标题的标准格式为：

修饰词 A（热门长尾词）+ 修饰词 B（＋修饰词 C）+ 核心词（关键词）（+for/with...）

"长尾词"指网站上非目标关键词但也可以带来搜索流量的关键词，可以理解为是修饰词 B 或 C 的扩展；修饰词 B 或 C 一般为准确的产品属性；平台自动判断 For 或 With 前面的名词是核心词。例如：

New model sexy leather hand bag for woman

其中，"New model sexy"是长尾词，"leather"是修饰词，"for"前面的"hand bag"就是核心词。"for"后面可以跟产品的用途，如建筑材料：for construction；"with"后面可以跟行业标准和认证信息，如：with ISO9000 standard。注意不要不断地用同一个关键词发布产品，当前发布的产品与之前产品很相近的时候会被认为重复铺货。产品标题能恰当地突出产品优势特性为度，不宜过短或过长。

【即问即答】

1. 各项产品信息中，买家搜索产品的第一匹配要素是什么？
2. 尝试为一款儿童电动玩具汽车设置产品标题。

3. 关键词设置

这里的关键词设置是为了满足客户多样化的搜索需求，是对产品标题的校正，便于系统快速识别匹配买家的搜索词，让买家尽快找到相关的产品，如图 3-5 "基本信息"中的"产品关键词"。每个方框中填写一个关键词，通过"添加关键词"可以填三个关键词，所有关键词在搜索排序上权重相同。

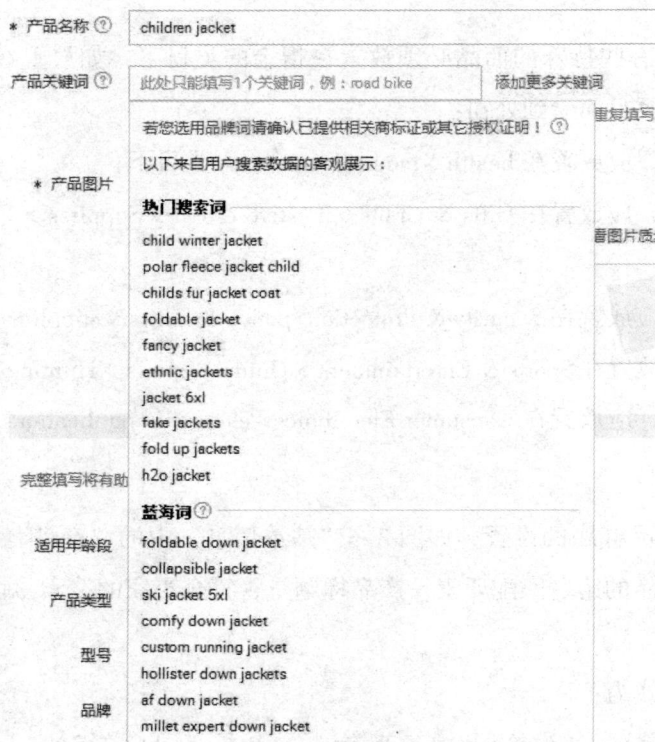

图 3-5　通过产品名称选择产品关键词

筛选最适用于产品的关键词是这一步骤的关键。查找关键词常用四种途径：①到阿里巴巴数据管家的"行业视角"页面，找到所在行业后查看不同国家买家的热门搜索词、搜索上升最快的词以及蓝海词（零少词）。蓝海词是指某关键词具备一定的搜索热度，但供应商用该词发布的产品却比较少。通常该词对应的精确匹配产品数量不超过一页，并且在同行业中竞争度较低。②到阿里巴巴数据管家的"我的词"页面，查看自己已经在使用的关键词和买家通过搜索找到过的词，以及该词的搜索热度和卖家竞争度。③到阿里巴巴数据管家的"热门搜索词"页面，直接输入关键词，查看近一个月的关键词的买家竞争度、橱窗数和搜索热度。④直接在阿里巴巴产品管理的"发布产品"页面，输入产品名称后，单击"产品关键词"的空格，查看弹出的"热门搜索词"和"蓝海词"，在其中选择关键词。

4. 产品图片上传

"基本信息"中的图片与"产品详情"中的图片不同，通常被称为"产品主图"。上传清晰美观的产品主图能吸引买家的点击和反馈，最好是 1000×1000 像素，正方形（比例为 1:1）的图片，以防图片被系统压缩影响美观，如图 3-6"基本信息"中的"产品图片"。产品图片应与产品名称、产品描述和实际销售产品一致。其中，第一张图片的左上角显示"Main"，是最重要的一张图片。第一张图片一般展示产品的正面，居中放置，大小适中，突出产品的主体，不宜拼接图。从第二张起的图片中展示产品的特色，通常用三张以上的图片分别展示产品的背面、侧面和细节等。最好采用自己拍摄和美化的图片，未经图片所有人的许可而擅自使用该图片的行为即为"盗图"，投诉成立后会被扣分处罚。

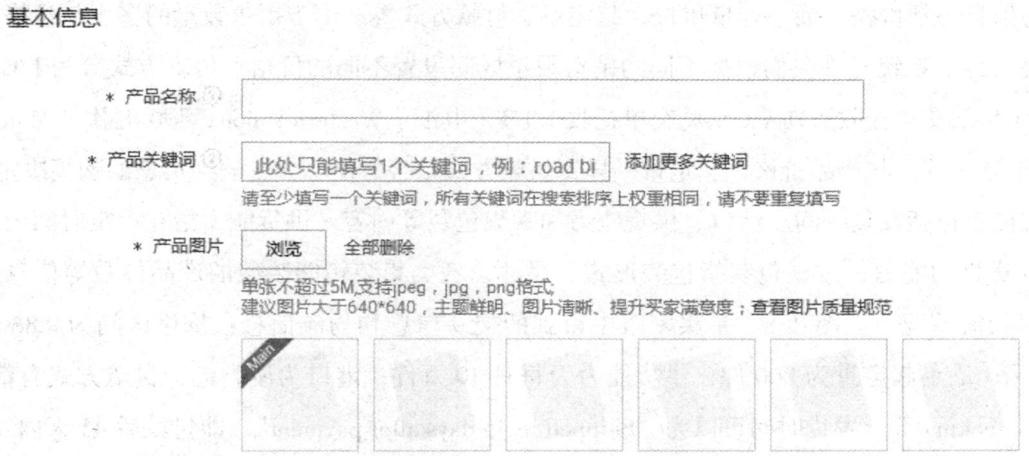

图 3-6　产品基本信息设置

5. 属性填写

产品属性是买家关注度最高的产品特征或参数，体现出产品信息的完整度。平台给出的各属性选项应填写完整以多维度地展示产品，增加被买家搜索到的机会。属性分为固定属性（包括种类、型号、品牌、原产地、材质、用途等）和自定义属性，如图 3-7。原产地、材质等属性只能选择属性值，不可手动填入。型号和品牌等手动填入的内容，点击空格，会弹出平台推荐的内容。如点击"children jacket"产品的型号，弹出内容的第一项是"OEM"，阿里巴巴通过智能检索已有的系统记录，显示有 15% 的人在该项目中填入了"OEM"。自定义属性分为属性名称和属性值两部分，如属性名称为"Color"，对应的属性值可以为"Red"，该项目可以通过点击添加其他的属性。

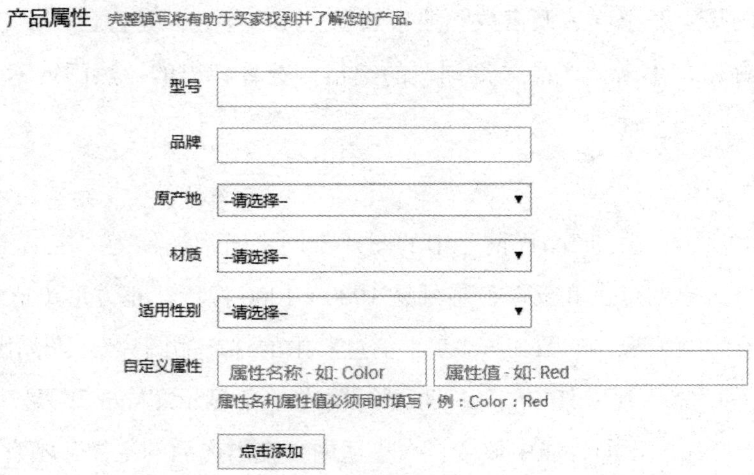

产品属性 完整填写将有助于买家找到并了解您的产品。

型号	
品牌	
原产地	--请选择-- ▼
材质	--请选择-- ▼
适用性别	--请选择-- ▼
自定义属性	属性名称 - 如: Color 属性值 - 如: Red

属性名和属性值必须同时填写，例：Color : Red

点击添加

图 3-7　产品属性

6. 交易和物流信息填写

交易信息包括价格、最小计量单位、起定量、付款方式等。由于销售数量的多少与价格高低之间存在相关性，系统允许我们根据不同的销售数量区间设置不同的价格。付款方式分为 L/C（信用证）、D/P（付款交单托收）、D/A（承兑交单托收）、T/T（电汇）、Western Union（西联汇款）、MoneyGram（速汇金汇款）等。与产品价格、起定量一样，付款方式是否方便也会影响到买家的购买决定。

物流信息包括发货时间、港口、供货能力和常规包装等内容。供货能力指在一定时间内能提供多少单位货物的能力；常规包装指包装形式、尺寸，各类集装箱能装载的产品件数等信息，便于买家了解物流情况。如图 3-8，是买家眼中得到的交易信息和物流信息：价格区间为 9.86 美元至 11.35 美元；最小起定量为 800 件；供货能力为每月 10 万件；港口为厦门港；付款方式有信用卡、T/T 和 e-checking 等。发货时间可以为 "Shipped in 45 days after payment"，即付款后 45 天内发货。

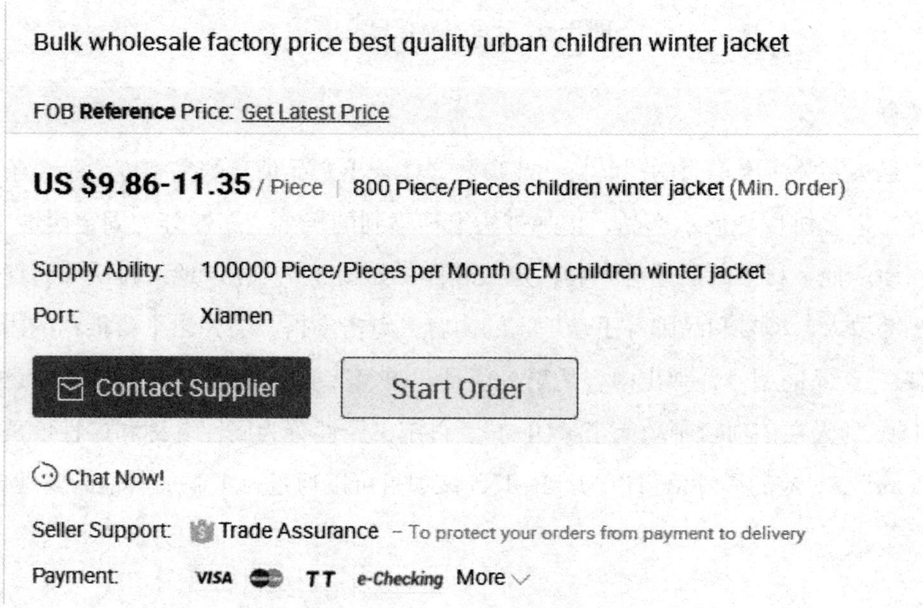

Bulk wholesale factory price best quality urban children winter jacket

FOB **Reference** Price: Get Latest Price

US $9.86-11.35 / Piece　|　800 Piece/Pieces children winter jacket (Min. Order)

Supply Ability:　100000 Piece/Pieces per Month OEM children winter jacket
Port:　Xiamen

✉ Contact Supplier　　Start Order

☺ Chat Now!

Seller Support:　Trade Assurance　– To protect your orders from payment to delivery
Payment:　VISA　TT　e-Checking　More ∨

图 3-8　交易信息和物流信息

7. 详情描述

产品详情描述从多方位展示产品全貌、产品的制作、打包流程、公司相关信息介绍、产品认证以及相关产品的超链接等。图片是对产品最直观的描述，最多可插入 15 张图片，要做到专业、清晰和美观。一般来说，15 张图片里包含 4~6 张多角度展示产品全貌的图片；2~4 张产品包装的图片；若干张生产车间流水线的图片；若干张各种产品相关证书的图片。由于详情描述的内容相对较多，我们应该进行结构化的表达，买家最关心的内容优先，次关心的内容后写，确保每个部分的内容都能解决买家关注的问题，用段落来呈现。

8. 收尾阶段

上述所有内容填写完后，将本次上传的产品放入对应的产品组中，也可以新设一个组再放入该产品。检查一下所有的信息是否有错误，信息完整度是否 100%，以便及时改正和完善。检查修正完毕后，点击"提交"，等待审核通过，该产品成功发布，如图 3-9。

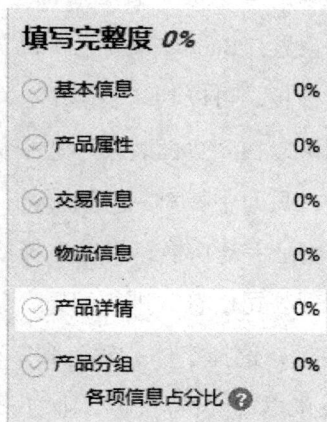

填写完整度 0%

✓ 基本信息	0%
✓ 产品属性	0%
✓ 交易信息	0%
✓ 物流信息	0%
✓ 产品详情	0%
✓ 产品分组	0%
各项信息占分比 ❓	

图 3-9　认真检查产品信息完整度

（三）店铺设计装修

1. 店铺页面构成

供应商的店铺，在阿里巴巴国际站被称为全球旺铺，是平台提供给供应商的企业全球展示和营销的网站，助力供应商开启全球范围内的跨境电商 B2B 贸易。全球旺铺除了上述的公司及产品信息展示，更着重突出企业自身的营销能力，提供更灵活的页面结构及更多可自定义内容。一个全球旺铺的基础模板，主要由主营类目（Categories）、首页产品（Home）、公司信息（Company Profile）和企业客服（Contacts）等组件构成，另外还有店铺招牌和轮播 Banner，如图 3-10。主营类目直接明了地向买家展示产品类型，便于买家按需要查看产品；首页产品是企业重点向买家推荐的核心产品，在首页优先展示，可定义不同的模块，如新品推荐、库存促销等；公司信息以文字、图片和视频等方式向买家直观地介绍企业，展示公司实力；企业客服提供在线旺旺联系方式，可以根据细分客户类型添加多个账号；店铺招牌展示企业 Logo、公司名等；轮播 Banner 用于企业形象宣传、产品推广及活动推广，展示更多形式丰富的图片信息，提高吸引力。

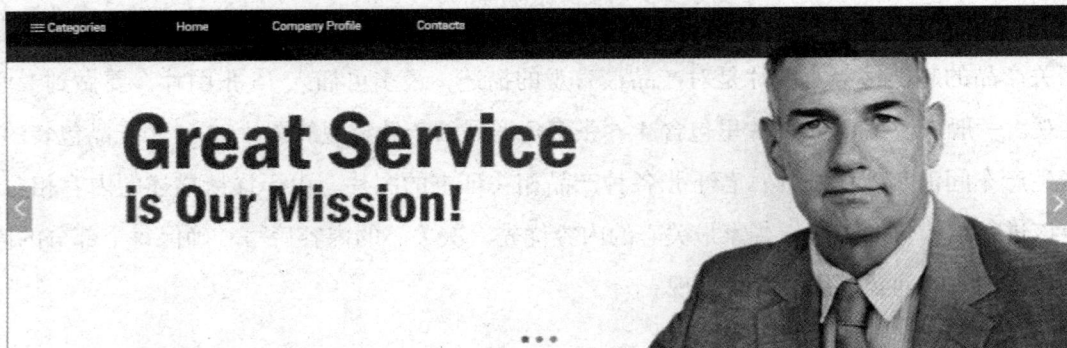

图 3-10　全球旺铺基础模板的构成

2. 店铺设计装修操作

在阿里巴巴国际站后台"建站管理"中找到"查看店铺"和"装修店铺"，对店铺进行整体的设计装修，主要包括模板选择、招牌设置、Banner 设置、产品板块设置和旺旺客服设置等操作。阿里巴巴国际站为卖家提供免费的行业模板，可以到"装修中心"的"模板管理"界面，打开"免费行业模板库"选择应用。然后，我们可以在"页面装修"选中页面中的组件，对各个功能组件进行添加、编辑或删除，结果将实时反馈在页面中：对"轮播 Banner"组件进行图片设置，最多可编辑 5 张图片，选择图片自动切换的时间或是手动切换；手动选择或由系统自动选取多个产品进行组合展示；在"公司展示"组件点击"管理公司信息"进行编辑，并上传背景图；编辑"店铺招牌"组件，选择公司名称和公司简介可以显示，选择字体、颜色和字号，Logo 将自动从公司资料中读取；在"企业客服"组件点击"设置客服账户"，设置头像、业务员名称和对应 TradeManager 账户，即可在旺铺上实现多旺旺展示，方便买家进行沟通。所有组件编辑好后，点击"发布"，设计装修的旺铺即可生效，通过"查看您的旺铺"进入查看装修效果。

二、基于买家搜索的营销推广

（一）搜索诊断与优化

搜索排序直接影响到店铺和产品的营销推广效果，需要我们经常对店铺和产品进行诊断和优化。诊断与优化的目标就是提高店铺和产品的搜索排名，吸引到更多的潜在客户。

1. 搜索诊断

产品上传完成后，跨境电商 B2B 平台为供应商提供了分析产品是否存在问题和优化空间的工具，比如阿里巴巴国际站的"搜索诊断"功能。"搜索诊断"功能与"发布产品"和"管理产品"同在"产品管理"导航界面。通过阿里巴巴调研及客户投诉发现，供应商发布的产品存在重复铺货、类目错放等一些作弊行为，这些行为打乱了正常的市场秩序，侵害了正常产品的效果利益，降低了买家的用户体验，故这类作弊产品在搜索排序中会受到影响，搜索诊断工具会将这些产品提示给供应商并给予一定的操作建议，同时搜索诊断工具不仅限于提示排序受到影响的作弊产品，其他诸如信息质量过差导致的搜索排序效果不佳的产品也会被提醒。搜索诊断的内容主要包括：商品基础信息质量、优势商品、问题产品、供应商诊断优化、关键词诊断优化。

（1）商品基础信息质量

商品基础信息质量的诊断一方面看产品信息是否完整，另一方面看产品信息是否专业。产品信息是否如实、完整地被描述是产品发布的基本要求，对于买方快速做出购买决策来说非常重要。专业程度主要体现在：放错产品类目会降低产品被搜索到的机会；产品属性的描写是否完整和准确；产品主图是否为实物拍摄，严禁盗用其他供应商的图片；详细信息描述的排版设计，是否图文并茂及合理等。

（2）优势商品

优势商品是从某供应商店铺的所有产品中，基于曝光、点击、询盘等表现，综合计算出来的最优秀的产品。优势商品的诊断功能帮助供应商找到营销推广的重点，打造爆款，比如将其设置为橱窗产品或者设置为外贸直通车的推广产品（见下一节内容）。

（3）问题产品

问题产品除了上述错放类目的产品，主要还有重复铺货产品和零效果产品。重复铺货是指于同一平台上由同一会员发布产品信息，而该产品信息跟曾经发布并仍然出现于平台上的产品信息完全相同或近似。完全相同的产品信息指标题、关键词、属性及图片完全相同。零效果产品是指持续15天或15天以上，曝光、点击、反馈及访客均为0的产品，零效果产品不仅是产品本身的问题，还会影响到整体的排名，比重越高影响越大。零效果产品很可能是搜索关键词存在偏差，所选的关键词极少被买方使用。

（4）供应商诊断优化

供应商的诊断优化目标是让供应商彰显信用，建立买卖信任关系以及提升服务能力。供应商诊断效果也会影响到店铺的搜索排名，主要考察供应商是否加入了信用保障服务，是否使用信用保障服务完成了交易，是否开启了贸易数据展示功能等。

（5）关键词诊断优化

关键词的诊断结果包括高曝光低点击（曝光量领先于20%同行，点击量为0或落后于20%同行）、低曝光高点击（曝光量为0或落后于20%同行，点击量领先于20%同行）、高曝光高点击（曝光量领先于20%同行，点击量领先于20%同行）和低曝光低点击（曝光量为0或落后于20%同行，点击量为0或落后于20%同行）。供应商可以根据诊断结果做出相应的优化。关键词应选择买方常用的搜索词，不要太长或添加公司内部的产品型号。

2. 数据管家

数据管家是阿里巴巴国际站的数据类产品，主要展示供应商在阿里巴巴国际站上操作及推广效果的数据，如图3-11。它通过多维度的数据统计分析及诊断，使供应商不仅能了解自身的推广状况，有针对性地进行效果优化；也能使供应商洞察买家行为和行业趋势，从而进一步把握商机，提升店铺整体推广效果。

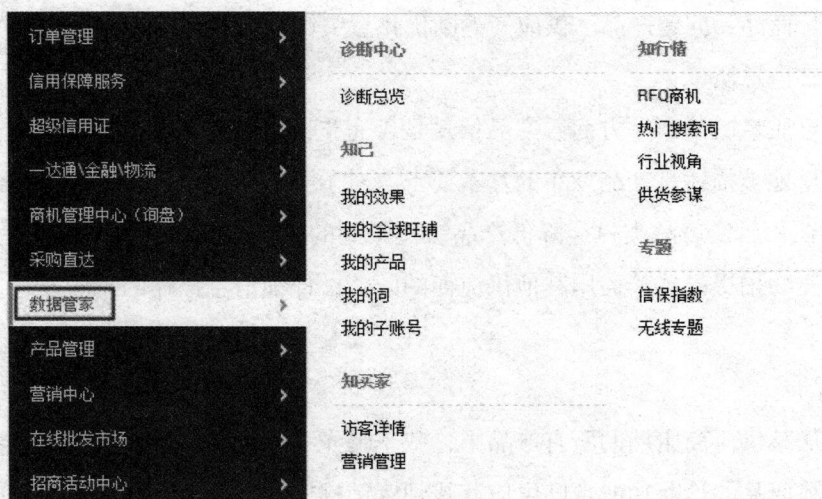

图 3-11 阿里巴巴"数据管家"

（1）诊断中心

诊断中心在页面上分为上下两部分：第一部分展示供应商整体评分和同行平均评分，分数以五角星样式来展示；第二部分展示四个菜单，分别为"基础建站""推广引流""买卖沟通""订单转化"。基础建站又分别对产品、公司信息和旺铺装修情况进行诊断。

（2）知己

"知己"板块为供应商多维度呈现推广效果数据，其中"我的效果"包括：信保订单百分比、流量询盘概览、外贸直通车概览、RFQ概览、订单概览、营销概览、产品概览七个方面；"我的全球旺铺"包括旺铺访客数、旺铺TM咨询访客数、旺铺反馈数等信息；"我的产品"包括有效果产品和零效果产品两部分；"我的词"包括设置的关键词和参加外贸直通车推广的关键词；我的子账号。

（3）知买家

"知买家"板块帮助供应商展示访客的地域信息、浏览量、停留总时长、TOP3来源搜索词、在旺铺或产品上发生的关键行为、在Alibaba.com网站发生的关键行为。

（4）知行情

"知行情"板块为供应商提供买家采购市场的最新商机，使供应商及时获取商机，洞察买家行为和行业趋势，进一步把握商机。该板块提供的"RFQ"商机，即采购直达（见本章下一节内容），使供应商掌握买方正需要什么样的产品，并开展营销；"热门搜索词"使供应商掌握买方正在用哪些词搜索产品，连续6个月累积买方搜索热度大于或者等于120的词才会显示；供应商还可以通过"行业视角"的观察研究，拓宽对产品的理解，"行业视角"中的行业与阿里巴巴国际站中产品类目的一级类目保持一致。

【即问即答】

1. 阿里巴巴国际站中为供应商提供买家采购市场的最新商机，使供应商及时获取商机，洞察买家行为和行业趋势，进一步把握商机的功能是什么？

（二）外贸直通车

1. 外贸直通车的基本规则

外贸直通车（Pay For Performance）是阿里巴巴国际站会员企业通过自助设置多维度关键词，免费展示产品信息，并通过大量曝光产品来吸引潜在买家，按照点击付费的营销推广方式。直通车产品的展示位置在阿里巴巴国际站首页的三个地方：搜索结果第一页主搜区前五个位置；搜索结果每一页右侧区的十个位置；搜索结果每一页底部智能区的四个位置。

首先，卖家挑选出自己想要推广的产品进入直通车推广，然后为这个产品配上一些关键词。直通车的排名就是按照"关键词出价 × 推广评分"来进行排序的。我们先来看一下什么是"推广评分"。"推广评分"即"产品星级"，是指关键词和产品的相关程度以及产品的信息质量，是影响产品展现区域以及排名的重要因素之一。"推广评分"分为五个级别，从五星到一星。五星表示通过比较有竞争力的竞价（关键词出价）就能排到前五名；四星表示点击率较好，也有通过竞价排到前五名的机会；三星表示关键词与产品相关性较好，但建议进一步优化点击率，也可能通过竞价排到前五名；二星表示相关性较差，无法进入主搜区，就算出再高的价格也无法排到前五名进行展示，只能在右边和下方的智能推荐位置上展示；一星与二星一样无法进入主搜区，更需要针对产品信息进行优化；没有推广评分则表示产品与关键词没有相关性，无法进行推广。原因很明显，关键词与产品相关性差影响到了买家的搜索结果，是没有效率的。

直通车产品免费曝光，只有在直通车的推广位上被点击了才会被扣费，所扣费用小于或等于关键词出价。推广评分的高低会影响到扣费金额，提高推广评分是降低直通车花费的一个关键因素。如果一个 IP 在一段时间内重复点击多次，扣费只算一次。

2. 外贸直通车的优势

外贸直通车具有免费展示、排名靠前、自主定价、精准推广等优势。

外贸直通车是免费展示，点击收费。供应商购买外贸直通车进行产品推广，可以获得产品免费优先排名展示，只有当买家对该产品产生兴趣，并点击进一步了解详情时，系统才会对这次点击进行扣费。如果买家仅仅是浏览，并没有点击产品进行查看，则不扣费。这种收费方式最大保障了推广投入的有效性和性价比，使客户在获得免费展示机会的同时，只需为有意愿的买家付费。

用户可以根据自己的营销策略来自主定价和设定费用范围。外贸直通车用户具有自主定价权，可以按照自己的营销策略设定最高的点击扣费价格（即出价），实际扣费小于或等于这个价格，充分体现用户自身意愿，是一种最灵活、最具自主性的产品模式。系统也能够根据客户的出价，准确判断出当前这一时刻的搜索排名，使客户能够方便地通过排名预估功能调整自己的出价，帮客户在保证预期排名的情况下尽可能降低花费。外贸直通车还有每日推广投放预算设置，帮助客户控制推广力度，每天的营销费用总额不超过这个上限。

外贸直通车具有精准推广的优势，使营销投入产生价值。作为纯外贸商业平台，阿里巴巴国际站有高精纯度的流量，使外贸直通车客户能够避免由无效点击带来的巨大损失；外贸直通车配备强大的点击过滤系统，通过国际领先的算法技术，对于疑似无效点击、欺诈点击或者机器点击均会予以屏蔽，最大化保证流量的真实性和可靠性；用户可以随时根据营销策略的变化来管理推广信息，进行推广暂停、激活，添加关键词、修改出价、修改推广信息等；用户可以根据企业自身的经营特点、销售淡旺季以及海外特定节假日等情况，调整每日投放预算的额度，确保抓住商机，进行集中性密集推广，提高营销费用的性价比；外贸直通车的每一次点击都可通过效果报告追踪查询，点击之后的转化以及扣费信息同样可作为后续的数据分析和优化参考，具有客观、清晰、可衡量的效果呈现，帮助用户从多个维度了解推广情况，深入分析问题，掌握买家关注的重点。

3. 具体操作步骤

首先，进入阿里巴巴国际站的外贸直通车界面，如图 3-12。在具体操作之前，要建立一个外贸直通车的推广方案，目标是用最少的推广费用达到最佳的营销效果。这个方案包括制订每天的推广费用限额、挑选想要推广的产品、为产品添加哪些关键词、将添加的关键词按重要程度进行分组处理、制订一套关键词精准出价的详细方案。方案制订好之后，就可开始具体的外贸直通车操作步骤。

（1）推广限额设置

进入"外贸直通车"的"账户"，再到"直通车账户"进行推广限额设置。每日最低限额是 80元，快捷推广最低限额是 50 元。

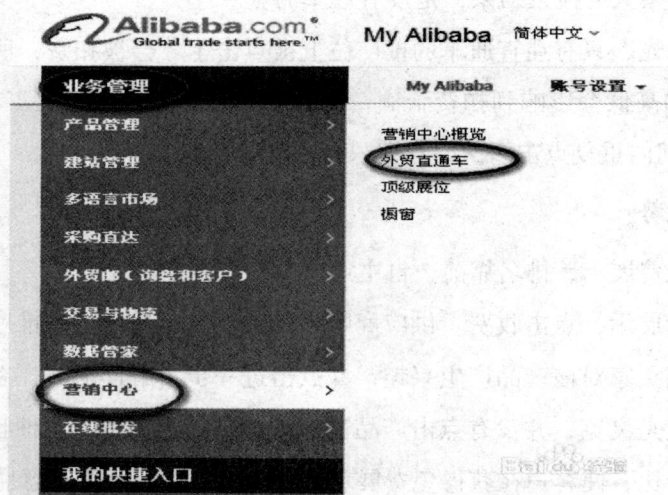

图 3-12　阿里巴巴国际站外贸直通车

（2）推广产品设置

进入"外贸直通车"的"推广产品设置"界面，选择需加入推广的产品（可多选 / 当页全选），点击上方"加入推广"即可，如图 3-13。若要取消推广，也可在这里找到对应产品后，勾选"取消推广"即可。

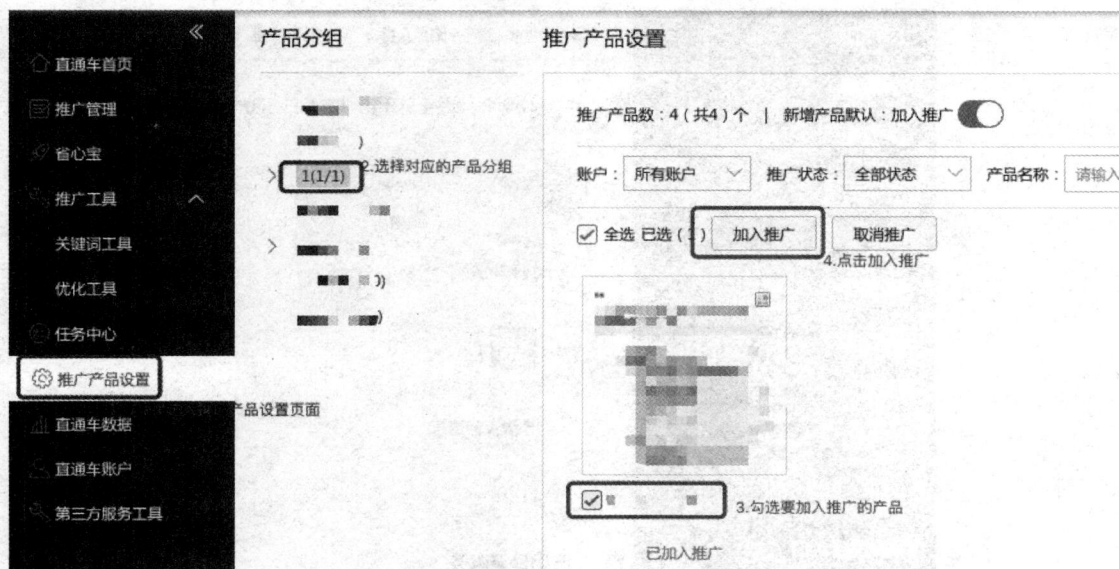

图 3-13　推广产品设置

（3）添加关键词

在推广初期，要尽量多的添加关键词。关键词的覆盖面越广，产品被展示的机会也就越大，能吸引到的潜在买家也就越多。可以在"外贸直通车"的"推广工具"里进行关键词添加；也可以选用"系统推荐"，让系统为我们推荐相关各维度的关键词。但是要注意，系统自动推荐的关键词未必精准，可能会有比较多的点击被浪费掉，比较适合新手使用。

（4）关键词分组

进入"外贸直通车"的"推广管理"，在未分组中打钩选定要进行分组的关键词，点击"修改所属组"。分组应考虑星级、效果、费用和产品等各方面因素。

（5）关键词出价

对关键词进行精准出价，也可以选择"批量出价"。批量出价可以参考平均的点击费用，出价定为平均点击费用左右即可。

（三）多语言市场

毫无疑问，英语以外的多语言市场存在巨大的发展空间。同时开展面向多语言市场的营销将使产品被更多的客户搜索到。阿里巴巴国际站的多语言市场于 2013 年 7 月 17 日向供应商开放。它是为帮助供应商开拓非英语市场而建立的，且独立于阿里巴巴国际站（英文站）的多语种网站体系，包括西班牙语、葡萄牙语、法语、俄语等 13 个主流语种，除覆盖传统欧美市场中的非英语买家群体外，南美、俄罗斯等新兴市场更是多语言市场重点的拓展区域。多语言站流量是整个网络流量的重要组成部分，搜索排名优先，在这些站点每日都能带来上百万的优质买家流量，是供应商的一条优质营销推广渠道，如图 3-14。这个渠道的买家群体一般具有明显的地域特征，供应商可以采取针对性的营销策略。

图 3-14　阿里巴巴多语言市场

多语言市场沿用了阿里巴巴国际站的整体风格和操作平台。供应商可自主发布产品，还可以借助机器的翻译。在"多语言市场"选择某个市场，点击"管理机器翻译产品"，编辑已有的英文产品并检查翻译是否正确，检查完成后提交并进入审核，通过后便展示在了相应的语言站点上。但是要注意，图片中的文字是无法翻译过来的。如果不借助机器翻译，相当于重新发布一款产品，这就要注意确保产品信息的完整性和专业性，产品描述需符合对应语种的语法习惯，对操作者的语言能力要求较高。与英文站三个关键词的设置不同，多语言市场的产品只能设置一个产品关键词。但在产品名称和侵权问题等其他方面与英文站基本一致。

【技能提示】

"一带一路"沿线国家将成跨境电商的新蓝海。《2017 中国跨境电子商务（出口 B2B）发展报告》显示，2016 年，"一带一路"倡议所涉及的全部 60 多个国家中，有 26 个国家的跨境电商销售额同比增加 30% 以上；从贸易增速来看，不丹、吉尔吉斯斯坦和卡塔尔排名前三。敦煌网创始人兼 CEO 王树彤表示，2016 年以来，随着"一带一路"和"网上丝绸之路"国家战略的推进，以及供给侧改革的深入，我国跨境电商市场飞速发展，并进一步渗透到生产、流通、服务等关键领域。跨境电商平台无疑已经成为带领中小企业走出去，推动中国品牌出海，与"一带一路"沿线国家共享数字贸易的助推器。

三、主动寻找买家的营销推广

数据分析推广引流、外贸直通车、多语言市场等营销方法都是为了使自己的产品更多地曝光在买家面前，在吸引更多买家来点击的基础上，优化产品提高转化率，以此来提高订单的数量。总的来说，就是让更多的潜在买家找到你，并想办法留住这些买家。但是，作为跨境电商经营者，我们不能单纯地依赖跨境B2B平台的引流来获得订单，营销推广的另一方面，就是卖方主动出击去寻找潜在的买家。

（一）访客营销

访客营销是在阿里巴巴国际站内主动寻找买家的一个重要途径。供应商通过"访客营销"主动出击寻找客户，让访客不再成为过客，而是变成真正的客户。

1. 访客分析

在"数据管家"找到"访客详情"，查看访客的详细信息，如图3-15。系统会按天统计或按周统计出某供应商旺铺或产品页面的所有访客，其中也包括在其他页面（如网站搜索页面或订阅邮件）给平台发送过反馈或TM咨询的买家。访客的详细信息包括：访客登录或访问网站时IP地址所在的国家或地区；该访客最近30天内在阿里巴巴网站上搜索次数最多的三个词以及访客搜到旺铺或产品页面时所使用的搜索词；访客停留总时长；访客针对旺铺或产品产生过的关键行为（如访问了"contacts"链接）；访客在阿里巴巴网站产生过的关键行为（如总浏览量和访问过的供应商数量）。根据这些数据，我们就可以分析出，该访客对旺铺或产品的哪些页面是最感兴趣的，并且根据他的关键行为，可以判断他是不是一个很活跃、高质量的买家。如果该访客的网站行为很活跃，但在旺铺却没什么访问记录，那很可能就是旺铺或产品自身存在较大的问题，产品描述或店铺装修等内容与同行业竞争者相比，还不足以吸引该访客。我们根据需要可以从时间、地域、浏览量、停留时长、反馈、TM咨询等维度来筛选出相应的访客，做针对性的分析。比如我们发现有些访客停留时长比较长但却没有访问过几个页面，就可推断这些访客可能浏览了旺铺首页的所有产品后，没有进一步深入了解产品的兴趣，那么我们就应该去优化首页了。

图3-15　阿里巴巴国际站"访客详情"

2.营销方法

通过对上述访客的分析，我们可以找到一些活跃的、有真实需求的、具有营销价值的访客，同时也能有针对性地向他们推荐适合的产品。因此，营销方法的第一步是选访客和选产品。尽量选择最新的一些访客进行营销，最好是在 48 小时之内。可以开展营销的访客是系统按主营业务或产品相关性推荐给供应商的。系统每天向供应商推荐一批买家（最多 5 个），当天如果不开展营销，第二天就会全部更新掉。供应商应该及时进行营销，否则会被系统认为这部分买家不适合该供应商，从而不再推荐，导致今后推荐的买家越来越少。

看到系统推荐的可以开展营销的访客后，供应商就可以申请营销，按照系统提供的模板填入营销内容即可，如图 3-16。在营销邮件中，我们最多可以向客户推荐三个产品，并附上链接。同时，公司信息及主营介绍的填写也相当重要，它相当于开发信，写得越好，越可以开发到更多的客户。为了保证及时性、有效性，同时给予客户更好的体验，同一个访客 3 天内最多只能收到一封营销邮件，7 天内最多收到两封。如果多个供应商对同一个访客申请营销，优先发送历史营销效果好的供应商邮件，同等条件则按时间先后顺序发送。

最后，我们可以到"数据管家"的"知买家"，找到"营销管理"板块，跟踪及查看访客营销的效果。分析在某时间段内：我们成功发送给买家的邮件数量、买家打开邮件的次数、买家通过邮件链接访问旺铺或产品后点击页面的数量、买家发起的有效 TM 咨询数。利用"营销访客名称"还可以查看该访客的历史行为数据，包括最近 90 天内的网站行为、偏好行业和常用搜索词等信息，以便更好地了解访客的特征和需求。

3-16　填写邮件内容完成"申请营销"

★图片来自阿里巴巴外贸圈

（二）搜索引擎法

在互联网时代，我们要学习如何利用搜索引擎和国内外社交平台来主动找到潜在的买家。

搜索引擎对于跨境电商从业人员来说，是一个强大又经济的工具，我们应学会如何利用搜索引擎来找到全世界的买家。用 Google、Baidu 等搜索引擎搜索某产品相关的关键词，会出来成千上万甚至高达上百万个网页，这些网页都跟我们搜索的产品有着千丝万缕的联系。将这些搜索结果进行深度挖掘可以找到很多潜在的买家，或者关联到一些有价值的行业论坛，在论坛里找到潜在的买家。利用搜索引擎最重要的是选对关键词。当我们搜索某关键词后，会出现很多相关的搜索结果，有些是付费的广告，也有些是自然的搜索结果。能够排在自然搜索结果第一页的都是权重较高的企业网站或者是行业内论坛，都很可能成为我们潜在的客户。他们也很可能成为我们产品在相应国家的大型代理商，从我国进口商品到本国销售，我们应果断把这些网页中的联系方式、邮箱地址保存下来；关注行业内论坛，其中会有一些潜在买家的求购信息。

那么，接下来最重要的就是选择比较合适的关键字。以下是一些推荐的方法：

（1）Importers 方法

操作方法：在搜索界面中输入产品名称 +importers。例如：MP3 player importers。

小技巧：可以用 importer 替代 importers。还可以用 Google 在不同的国家搜索。例如：英国的 www.google.com.uk，加拿大的 www.google.com.ca。

（2）关键词上加引号

操作方法：搜索"产品名称 +importer"或者"产品名称 +importers"，在键入关键词时将引号一起输入。这样做表示引号内关键词全包括且不分开，是 and 关系，搜索出来的结果范围较小，但更加有效率；不加引号就表示 2 个以上的关键词可以是 or 关系，范围更大，当然效率会更低。如图 3-17 和图 3-18，关键词 MP3 importer，是否加引号的搜索结果是不同的。没有加引号的搜索结果提示了"相关结果约 498000 个"，而加了引号的搜索结果则没有这个提示。

3-17　关键词 MP3 importer（不加引号）的搜索结果

图 3-18　关键词 MP3 importer（加引号）的搜索结果

（3）其他类型目标客户搜索

操作方法：产品名称+其他客户类型。相关目标客户的词语除了"importer"，还包括"distributor""buyer""company""wholesaler""retailer"等及其复数形式。

（三）寻找客户的其他方法

1. 社交关系网络

社交关系网络是一种比较高效的营销方式。社交关系网络都是基于真实存在的人构成的一个关系网，内部具有很强的互动性，我们可以用来开发客户的渠道有行业论坛、社交网站和聊天工具等。行业论坛作为某行业集中讨论的场所，具有很强的相关性，如图 3-19。当前，论坛营销已成为网络营销一种常见的形式，有很多公司在论坛上做推广。当然，我们也可以站在上游供应商的角度，把这些营销推广公司作为我们的营销对象。

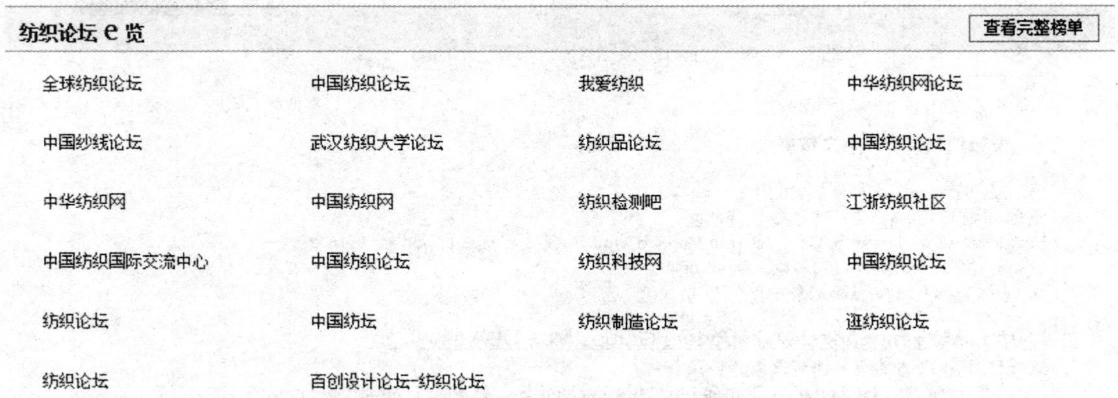

图 3-19　纺织行业论坛

除了行业论坛，在一些社交网络也可以搜索到很多与自己产品相关的公司网站或个人主页，其中很可能存在潜在的客户。下面以全球最大的职业社交网络 LinkedIn（领英）为例，体会一下如何利用社交网络或行业论坛来寻找潜在的买家。LinkedIn 作为全球最大的职业社交网站，会员人数在世界范围内已超过 3 亿，每个《财富》世界 500 强公司均有高管加入。LinkedIn 主要帮助它的用户完善档案，全面展现职场中的自己；关注行业信息、学习专业知识、提升职业技能、分享商业洞察，保持职业竞争力；建立并拓展人脉网络，掌握行业资讯。可见，LinkedIn 网站里蕴含着丰富的潜在客户。因此，我们注册一个 LinkedIn 账号，并登录。然后在搜索栏目输入产品的关键词，可以在个人页面当中看到 "contact info"，点击 "company website" 到公司网址，找到所需要的联系方式后进行开发客户。

2. 聊天工具

聊天工具，如国际商务中最为常用的 Skype 也可以作为我们的主动寻找买家的渠道，如图 3-20。我们可以根据聊天工具中用户名的搜索来寻找。职业的人员都很可能把自己的产品名或公司名作为自己 Skype 用户名的一部分。找到个人实际上就找到了一家公司，一般用户资料里都带有公司的网站，这样就可以看到邮箱及别的联系方式了。找到的 Skype 用户名可能大部分不是 "Skype me" 状态，并不欢迎别人随便去骚扰他们，特别是向他们推销的人。所以在添加他们的 Skype 之前，一定要构思好如何向他们做自我介绍，如何通过他们找到相关负责人。

图 3-20　利用聊天工具主动寻找客户

【技能提示】

对于即时聊天工具，一般来说，中国大陆的用户最常用的是 QQ 或微信，而香港地区和台湾地区用 ICQ 的人比较多，美国和加拿大的用户用 AIM 的比较多。了解不同国家或地区最为常用的即时聊天工具，可以更有效地寻找潜在客户并与之建立业务关系。国际范围内常用的即时聊天工具还有 AOL、WhatsApp、Yahoo Messenger、谷歌 Chat 等。MSN 在全世界拥有最多的用户数量，各国或地区都有众多的用户。微软公司于 2013 年第一季度用 Skype 服务替换了 Windows Live Messenger(MSN) 服务。

四、品牌营销

品牌用来识别企业提供给消费者的产品或服务，并使之区别于竞争对手的产品或服务。品牌营销就是把企业的产品特定形象通过某种手段深刻地印入消费者的心中。品牌营销是我国跨境电商B2B企业与传统外贸企业共同存在的问题。近年来，跨境电商企业数量急剧增加，但绝大多数是中小企业。很多跨境电商企业是从传统外贸企业转型而来，这些企业只是在销售方式上进行了转型，本身的营销方式并未发生变化，仍然是同质化的低价竞争。培育品牌可以有效提升跨境电商的竞争优势，提高电商企业的利润率和生存率。品牌营销对跨境B2B企业的重要性在于：给企业带来价格优势，实现利润增长和可持续发展；有利于培育客户忠诚度，提高企业竞争力；利用品牌延伸投入新产品，降低市场风险；能有足够影响力以自建平台，摆脱对第三方平台的依赖。下面我们介绍几种跨境电商企业的品牌营销方法，启发学习者的电商品牌营销思维。

（一）细分市场，做好品牌定位

对品牌定位是为了让潜在消费者能够对品牌产生有益的认知，从而形成对品牌的偏好和持续购买的行为。品牌定位的策略有类别定位、比附定位、档次定位、消费者定位、比较定位、功能性定位等。消费者定位策略的案例如 yellowberrycompany.com，该品牌定位于低龄女孩的文胸（Pre-older girl bra），填补了市场的空隙，如图3-21。然后，借助媒体传播放大，43个知名媒体和媒体人争相报道17岁的 Megan Grassell 专为低龄女孩打造 bra 的故事，与品牌受众进行生活价值观和情感的连接与共鸣。类别定位策略的案例如 BOBO BIRD，BOBO BIRD 只做木质手表，不销售其他任何材质的手表。这一类手表在当前各大跨境电商平台上寥寥无几，形成了巨大的市场需求和较少产品选择的电商"蓝海"市场。BOBO BIRD 是跨境电商领域中"小而美"的品牌典型代表，如图3-21。

图3-21　细分市场营销策略的品牌案例

（二）配合平台，销售促进品牌

以销售促进品牌的传播是通过鼓励对产品和服务进行尝试或促进销售等活动而进行品牌传播的一种方式。对于跨境电商企业来说，平台举办的高人气的购物节等活动，是一次很好的实施机会。这种方式较为适合小品牌，大品牌采取这种方式可能有损品牌形象，增强消费者的价格敏感度，淡化品牌的品质概念。小品牌则可以通过销售的刺激，吸引消费者转向该品牌。以销售促进品牌的案例如 DEKO，作为我国工具行业传统外贸企业转型跨境电商的成功代表，DEKO 在2016年首次参加阿里巴巴"双十一"活动，产品售价比平时让利了近30%，为的就是在流量和店铺曝光量达到峰值的这一天打响品牌知名度，如图3-22。

图 3-22　配合平台活动以销售促进品牌案例

（三）工匠品质，沉淀品牌口碑

品牌口碑是一种动态指标，因用户以品牌为谈论对象而产生，具有很大的不确定性。在电商平台上，口碑以用户评价的形式直观展示给所有消费者。拥有持续的优良质量才能维持品牌的口碑，在跨境电商激烈竞争的时代，一个差评就可能使消费者逐渐抛弃该品牌。尤其是一些复购率很高的产品，需要供应商以工匠精神，长年累月的把控产品的品质，即做好产品、服务、售后，慢慢沉淀口碑。以品质沉淀品牌口碑的案例如 PUPPYOO 吸尘器，从淘品牌到速卖通，在任何平台都十分注重产品的品质和口碑。

【即问即答】

1. 在生活中有没有遇到主要依靠网络进行销售且口碑良好的品牌？

（四）公关传播，塑造品牌形象

公关传播巧妙地运用文化、新闻点、社会责任等因素，塑造品牌的形象和知名度，使品牌取得消费者的心理认同。这种营销方式非常适合于跨境电商的多语种市场。相对于竞争激烈、消费者需求日趋下降的英文市场，多语种市场逐渐迸发出热情。在欧洲，德国跨境电商市场的规模与英国旗鼓相当；俄罗斯作为新兴市场的表现也受到了极大的关注；非洲、中东、拉美这些区域也处在蓬勃发展阶段，当地居民的消费需求不容小觑。在这些庞大的消费者市场中，约有 5 亿的西班牙语使用者、2.1 亿葡萄牙语使用者、1.9 亿俄语使用者、2 亿法语使用者、2.8 亿阿拉伯语使用者。不同语言背景的国家有着不同的传统节日，供应商应把握时机，在多语言站上开展节日营销，将自身品牌在消费者观念里与各国节日绑定。例如，在法国国庆节期间，供应商可将法语站的整体风格更改成红白蓝以配合节日气氛，拉近与法国消费者的距离，增加亲切感。

本章小结

在开展交易磋商之前，跨境电商 B2B 出口商需要做好充分的交易准备，开设店铺和营销推广是其中重要的工作内容。开设店铺的工作流程主要是公司认证、发布产品、店铺设计装修。营销推广可以分为基于买家搜索的营销推广，如关键词优化、外贸直通车等；主动寻找买家的营销推广，如访客营销、搜索客户信息、到论坛社区寻找客户等。另外，做好品牌营销也是必不可少的。

自我测试

单项选择

1. 买家搜索产品的第一匹配要素是（　　）。

A. 产品标题　　　　　B. 产品属性　　　　　C. 产品描述　　　　　D. 产品图片

2. 阿里巴巴国际站（　　）板块为供应商多维度呈现推广效果数据。

A. 诊断中心　　　　　B. 知己　　　　　C. 知买家　　　　　D. 知行情

3. 阿里巴巴国际站（　　）板块帮助供应商展示访客的地域信息、浏览量、停留总时长、TOP3来源搜索词、在旺铺或产品上发生的关键行为、在 Alibaba.com 网站发生的关键行为。

A. 诊断中心　　　　　B. 知己　　　　　C. 知买家　　　　　D. 知行情

4. 阿里巴巴国际站（　　）板块为供应商提供买家采购市场的最新商机，使供应商及时获取商机，洞察买家行为和行业趋势，进一步把握商机。

A. 诊断中心　　　　　B. 知己　　　　　C. 知买家　　　　　D. 知行情

5. 外贸直通车是按照（　　）来扣费的。

A. 买方搜索到的次数　　　　　　　　　B. 买方点击次数

C. 买方浏览次数　　　　　　　　　　　D. 买方购买次数

简答

1. 除了平台提供的"访客营销"功能，供应商还有哪些方法去主动寻找和联系客户？

2. 跨境电商 B2B 品牌营销有哪些方法，并从生活中寻找例子。

【实训参考方案】

跨境电商 B2B 开设店铺和营销推广

·实训目标

体验在跨境电商 B2B 平台上开设店铺和营销推广。

·实训方式

基于不同的实训条件，本次实训可以在两种方式中选择：

方式 1：有条件的学习者可以利用实训教学软件或平台的账号，进行产品发布和店铺装修，并体验搜索诊断优化、数据管家、外贸直通车、多语种市场、访客营销等功能；

方式 2：条件暂时不够的学习者可以从买方的角度来间接体验，比如用某关键词搜索产品、查看排名前列的产品的标题如何设置、直通车产品的位置、用多语种搜索产品等。

在跨境 B2B 平台选择某一知名度较高的品牌，了解该品牌采用过哪种或哪几种方法品牌营销方法。

·**实训步骤**

1. 使用跨境 B2B 平台账号或实训教学软件，发布产品和装修店铺；以买方的身份查看某店铺的装修及其发布产品包含的内容；

2. 体验搜索诊断优化、数据管家、外贸直通车、多语种市场、访客营销等功能；以买方的身份用关键词搜索产品，分析排名靠前的原因；

3. 将上述成果撰写成一份实训报告；

4. 参考跨境电商 B2B 知名品牌，畅想自己创建一个品牌及营销推广的方法，制作 PPT 与同学们分享和讨论。

·**实训评价**

主要从以下几个方面评价学习者的实训成果：

1. 熟悉产品发布和店铺装修的流程和规则的程度；

2. 对学过的营销推广方法是否有了进一步的体会和认识；

3. 能较为全面、详细地制订品牌营销的策划方案，营销方法思路清晰。

第四章

跨境电商 B2B 相关外贸知识与应用

【学习目标】

　　本章旨在让学习者在开展跨境电商 B2B 的贸易磋商、签订和履行合同之前，回顾和掌握相关外贸知识，并对每一块知识在跨境电商 B2B 中的运用有整体的了解，将外贸知识与跨境电商 B2B 的具体业务联系起来，为今后的具体流程操作学习打下扎实的外贸知识基础。

【知识要点】

1. 常用贸易术语与价格构成；
2. 贸易磋商过程、效力与合同条款的内容；
3. 国际运输与保险的基本知识；
4. 海关监管方式与货物报关报检；
5. 汇付、托收与信用证的特点与流程。

【核心概念】

1. 贸易术语
2. 询盘、发盘、还盘、接受
3. 班轮运输
4. 保险险别
5. 报关、报检
6. 信用证、托收、汇付

【情境导入】

在跨境电商 B2B 模式下，货物是按一般贸易的监管方式进出口的，走传统贸易的物流渠道。跨境电商 B2B 模式在商品信息展示、业务磋商和交易促成等方面对贸易流程进行了网络化，体现出了电子商务的巨大优势，但贸易的逻辑和本质没有发生根本的改变。因此，虽说小张是国际经济与贸易专业毕业，小金还是让小张在开展具体业务前好好地复习一下相关的外贸知识，并注意将跨境电商平台结合起来进行理解。小张梳理了一下跨境电商 B2B 平台的各板块功能，觉得如下这些相关外贸知识是比较重要的：出口报价与进口核算，磋商、起草和签订合同，国际运输、保险与报关报检，国际结算与客户关系管理。小张认真复习了上述外贸知识，并对每一块知识在阿里巴巴国际站的运用有了大致的了解。阿里巴巴国际站将原来自己学过的相关外贸知识吸收融合成了平台规则。

【引导案例】

杭州海关于 2015 年 10 月 20 日公布了经海关总署批复同意的《中国（杭州）跨境电子商务综合试验区海关监管方案》，杭州跨境电商综试区在海关方面的 15 条相关政策宣告落地。

方案中明确，以电商企业对企业（以下简称"B2B"）模式出口的货物，电商企业应向海关提交《中华人民共和国海关出口货物报关单》（以下简称《出口货物报关单》）或《中华人民共和国海关出境货物备案清单》（以下简称《出境备案清单》），办理出口货物通关手续。《出口货物报关单》及《出境备案清单》中相应增加"电子商务"字段，以示区分跨境电子商务出口货物。以 B2B 模式出口货物的转关手续，按照海关现行货物转关管理规定办理；以 B2C 模式出口货物的转关手续，则采用直接转关方式。以 B2B、B2C 模式出口的货物，出口关税及出口环节代征税按照现行规定征收。以 B2B 模式出口的货物发生退换货等情况，按照海关现有规定办理；以 B2C 模式出口的货物发生退换货等情况，退运货物应通过原出口的海关监管场所退回，并接受海关监管。

以 B2B 模式进口的货物，电商企业应向海关提交《中华人民共和国海关进口货物报关单》（以下简称《进口货物报关单》）或《中华人民共和国海关进境货物备案清单》（以下简称《进境备案清单》）办理进口货物通关手续。《进口货物报关单》及《进境备案清单》中应相应增加"电子商务"字段，以示区分跨境电子商务进口货物。以 B2B 模式进口货物的转关手续，按照海关现行的货物转关管理规定办理，其中进境指运地为特殊监管区域或保税物流中心的，按照直接转关方式办理。以 B2B 模式进口的货物，进口关税及进口环节代征税按照现行规定征收。

请思考：

（1）你是否熟悉《方案》中提到的《出口货物报关单》及《出境备案清单》？

（2）《方案》中规定，以 B2B 模式出口货物的转关手续，按照海关现行货物转关管理规定办理。你是否了解"现行货物转关管理规定"？

（3）体会一下跨境电商 B2B 模式与传统贸易模式下相关外贸知识的联系与区别。

一、贸易术语与对外报价

（一）国际贸易常用贸易术语

1. 贸易术语的概念

进出口贸易活动涉及买卖双方的责任、风险、费用的承担，还牵涉货物运输、保险、进出口清关的手续和费用等一系列错综复杂的问题。经过长期的贸易实践，"贸易术语"作为简化上述问题表述的一种方法应运而生。贸易术语（trade terms）又称价格术语，用三个字母的缩写来表示，用以说明商品的价格构成和买卖双方的有关费用、风险及责任的划分，以确定买卖双方在交货和接货过程中应尽的义务。

贸易术语最初在各国之间并没有一个统一的解释，某些国际组织和工商团体制定的有关贸易术语方面的规则、条例在实践过程中逐渐得到了世界很多国家的认可，逐渐成为国际惯例。其中，影响较大的有三个：《华沙——牛津规则》《美国对外贸易定义修订本》和《国际贸易术语解释通则》。《国际贸易术语解释通则》是由国际商会制定的，最新的版本为《2010 年国际贸易术语解释通则》（*INCOTERMS 2010*），于 2011 年 1 月 1 日正式生效。《国际贸易术语解释通则》在国际范围内应用最为广泛，我们接下来学习的贸易术语皆来源于此。

【技能提示】

自从 1936 年国际商会制定出国际贸易术语解释通则之后，此项在全球范围内被采用的合同标准就经常性地更新换代，与国际贸易的发展步调一致。但我们需要明确的是，Incoterms 作为国际贸易惯例，本身并不是法律，对贸易当事人并不产生必然的强制性约束力，其效力来自贸易当事人的选择。因此，新版本出版后，旧版本仍然有效。合同各方仍可在 *INCOTERMS 2010* 实施后选择之前的任意一个版本使用，但必须在合同中注明所使用的版本。

2. 主要贸易术语的含义

INCOTERMS® 2010 共有 11 种贸易术语，它们的代码和中英文全称如表 4-1 所示。

表 4-1 INCOTERMS 2010 的 11 种贸易术语

组别	代码	英文全称	中文全称
E 组	EXW	Ex Works	工厂交货
F 组	FCA	Free Carrier	货交承运人
	FAS	Free Alongside Ship	船边交货
	FOB	Free On Board	船上交货
C 组	CFR	Cost and Freight	成本加运费
	CIF	Cost Insurance and Freight	成本、保险费加运费
	CPT	Carriage Paid To	运费付至
	CIP	Carriage and Insurance Paid To	运费、保险费付至

组别	代码	英文全称	中文全称
D 组	DAT	Delivered At Terminal	运输终端交货
	DAP	Delivered At Place	目的地交货
	DDP	Delivered Duty Paid	完税后交货

如"贸易术语"概念所述，理解一个贸易术语主要掌握如下几个方面的内容：①价格构成，即采用该贸易术语报出去的价格，由哪些部分组成；②费用承担，如装卸费、清关费等费用该由买方还是卖方来承担；③风险划分，即从何时或何地开始，货物发生损失的风险由谁来承担；④责任的划分，如运输、保险等事项应由谁来办理。这几方面的内容，我们用图表的形式来集中地、清晰地展示。一般来说，责任划分和费用划分是一致的，即该事项是谁的责任谁来付费，如表 4-2。

表 4-2　INCOTERMS 2010 11 种贸易术语的费用划分表

贸易术语	出口清关	装货费	运费 *	保险费	进口清关	卸货费
EXW	买方	买方	买方	买方	买方	买方
FAS	卖方	买方	买方	买方	买方	买方
FCA	卖方	卖方 / 买方	买方	买方	买方	买方
FOB	卖方	卖方	买方	买方	买方	买方
CFR	卖方	卖方	卖方	买方	买方	买方
CPT	卖方	卖方	卖方	买方	买方	买方
CIF	卖方	卖方	卖方	卖方	买方	买方
CIP	卖方	卖方	卖方	卖方	买方	买方
DAT	卖方	卖方	卖方	卖方	买方	买方
DAP	卖方	卖方	卖方	卖方	买方	买方
DDP	卖方	卖方	卖方	卖方	卖方	买方

★该运费为国际运输费用，国内运费均由出口商承担。

卖方在向买方报价的时候，总会把自己承担的费用转嫁给买方，即报出去的价格里包含了卖方承担的费用，然后再加上卖方想要的利润百分比就能得到出口的价格。因此，贸易术语的价格构成表（不含利润）如表 4-3。

表 4-3　INCOTERMS 2010 11 种贸易术语的价格构成表（"√"表示含在价格内）

贸易术语	货物实际成本 *	国际运费 *	保险费	出口清关	进口清关
EXW	√				
FAS	√			√	
FCA	√			√	
FOB	√			√	
CFR	√	√		√	

贸易术语	货物实际成本 *	国际运费 *	保险费	出口清关	进口清关
CPT	√	√		√	
CIF	√	√	√	√	
CIP	√	√	√	√	
DAT	√	√	√	√	
DAP	√	√	√	√	
DDP	√	√	√	√	√

★ 货物实际成本为出口商向工厂采购货物的金额（采购成本）减去出口退税的收入；假设为班轮运输，装货费和卸货费包含在国际运费里；国内运费等一些其他费用均含在价格里，详见本章下一节内容。

各贸易术语的风险划分点如表 4-4 和图 4-1。

表 4-4　INCOTERMS 2010 11 种贸易术语的风险划分表

贸易术语	风险转移点	适用的运输方式
EXW	卖方所在地，工厂、车间或仓库等指定地点	全能
FAS	装运港船边	水运
FCA	卖方所在地或出口国的其他指定地点	全能
FOB	装运港船上	水运
CFR	装运港船上	水运
CPT	出口国指定地点	全能
CIF	装运港船上	水运
CIP	出口国指定地点	全能
DAT	进口国指定地点	全能
DAP	进口国指定地点	全能
DDP	进口国指定地点	全能

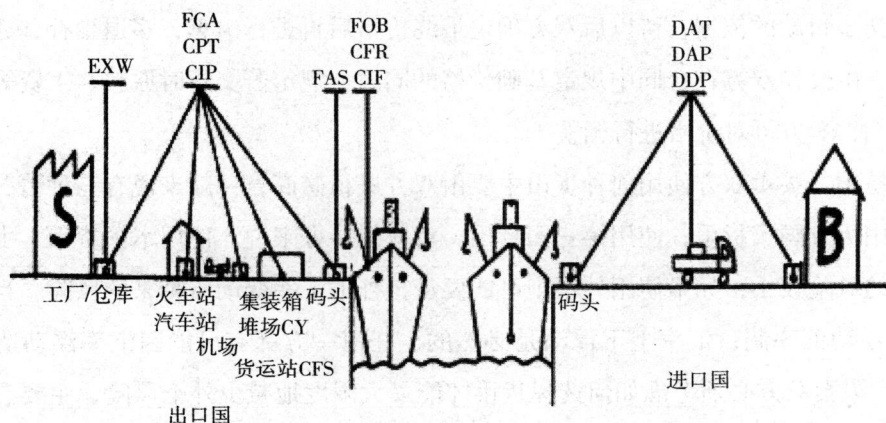

图 4-1　INCOTERMS 2010 11 种贸易术语的风险划分示意图

3. 贸易术语的选择

INCOTERMS 2010 11 种贸易术语都有其特定的涵义，不同的贸易术语，买卖双方所承担的责任、费用、风险也不同，贸易术语选择正确与否直接关系到买卖双方的经济利益。因此，必须慎重选择贸易术语进行报价和磋商。主要考虑的因素有：①选择买卖双方都熟悉的、较为便利的贸易术语，如 FOB、CIF、CFR 这三种贸易术语最为常见，且双方风险的划分以装运港船上为界，便于双方履行合同；②考虑运费因素，运费在国际贸易的价格中占有很大的比重，选择贸易术语时应事先预算运费，如运价不稳定，无法测算运费，出口商最好选择 FOB 价，以避免运费上涨所造成的损失，如选择 CIF 或 CFR 成交出口，价格内应考虑运费上涨因素；③考虑本国保险业和运输业的情况，出口时争取使用 CIF 术语，有利于促进我国保险业和运输业的发展，也有助于我方做好船货衔接、按时履行合同；④考虑国外港口装卸条件和港口惯例，例如，选择 CFR 或 CIF 术语时进口商可以免于装运港的困扰；⑤考虑海上风险程度，风险较大时出口商一般要避免 DAT、DAP、DDP 等目的地交货类术语，而进口商一般要避免 EXW 等出口国内陆交货的术语。当然，贸易术语的选择对于进出口双方都有利有弊，是磋商和权衡的结果。

【即问即答】

1. INCOTERMS 2010 有几种贸易术语，其中哪两种是新增的？

（二）出口报价与进口核算

1. 报价的方法和货币选择

对外报价的方法主要有固定价格、非固定价格和部分固定价格等。固定价格法在国际货物贸易中被普遍采用，交易双方通过协商就计量单位、计价货币、单位价格金额和贸易术语达成一致，在合同中以单价条款的形式规定下来，一经确定就要严格执行，任何一方不得擅自更改，具有明确具体、便于核算的优点，买卖双方则要承担从签约到交货付款乃至转卖时价格波动的风险；非固定价格法可以只规定作价方式，具体作价留待以后确定，也可以在合同中暂定一个初步价格，作为买方开立信用证和初步付款的依据，待以后双方确定最终价格后再进行清算，多退少补，还可以采用滑动价格的做法，由交易双方在合同中规定基础价格的同时，规定若交货时原料、工资等成本发生变化超过一定比例，卖方可对价格进行调整。

在国际贸易中，买卖双方使用何种货币主要由双方进行磋商，一般来说有三种情况：使用卖方国家货币；使用买方国家货币；使用第三国货币。对任何一方来说，使用本国货币，由于不存在汇率问题，承担的风险较小；如果使用外币则可能要承担外汇汇率变动所带来的风险。当今国际金融市场普遍实行浮动汇率制，汇率上下浮动是必然的，任何一方都有可能因汇率浮动造成损失，如图 4-2。因此，买卖双方必须考虑如何选择货币才能最大限度地减少外汇风险，主要有下列方法可供参考：尽量使用可以自由兑换，且汇率较稳定的货币；出口时争取使用"硬币"或"强币"（指从成交至收汇这段期间内汇价比较稳定且趋势上浮的货币），进口时争取使用"软币"或"弱币"

（指从成交至收汇这段期间内汇价比较疲软且趋势下浮的货币）；如果出口时使用了"软币"，在确定价格时相应提高报价；进口时使用"硬币"，在确定价格时相应压价；在合同中适当地结合使用多种"软币"和"硬币"，也可以起到减少外汇风险的作用。除此之外，还有不少减少外汇风险的方法，如订立外汇保值条款、黄金保值条款、特别提款权保值条款等。

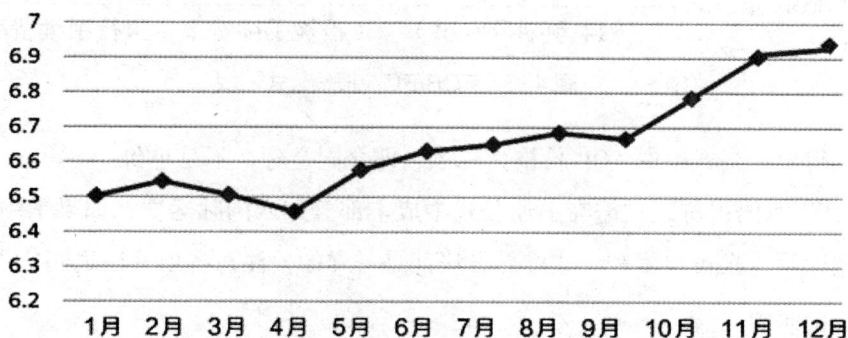

图 4-2　2016 年人民币兑美元汇率走势图

【技能提示】

自由兑换货币在国际经常往来中，随时可以无条件地作为支付手段使用，对方亦应无条件接受并承认其法定价值。当前，自由兑换货币主要有：美元（USD）、欧元（EUR）、日元（JPY）、瑞士法郎（CHF）、丹麦克朗（DKR）、瑞典克朗（SKR）、挪威克朗（NKR）、港币（HKD）、加拿大元（CAD）、澳大利亚元（AUD）、新西兰元（NZD）、新加坡元（SGD）、卢布（RUB）。目前，人民币已实现经常项目下的自由兑换。

2. 出口报价的步骤

出口商在签订外销合同前，应考虑向工厂进货的采购价、运费、保险、各种费用、退税、预期利润率等因素，得出某贸易术语（如 FOB/CFR/CIF）下的成本价格，再加上利润，对外报出一个包含利润的价格。由于价格构成中有报关费、报检费、财务费等费用都是按整批货物计算的，我们在做出口报价时一般先算出整批货物的总价，再除以数量得出单价。

（1）第一步：计算实际采购成本

实际采购成本 = 工厂采购价（含税）－ 出口退税

出口退税 = 工厂采购价（含税）/（1 + 增值税率）× 出口退税率

（2）第二步：查询各项费用

例如报关费、报检手续费率、银行手续费率和其他费用（证书费等）。

（3）第三步：用报价公式算出 FOB 价格

FOB 价格 =FOB 成本 + 利润　　　　　　　　　　　　　　　　　　　　①

利润 =FOB 成本 × 预期利润率　　　　　　　　　　　　　　　　　　　②

FOB 成本 = 实际采购成本 + 各项国内费用　　　　　　　　　　　　　　③

各项国内费用 =FOB 价格 × 报检费率 + 报关费 +FOB 价格 × 银行费率 + 其他　　　④

将④代入③，结果代入②，再一起代入①，解方程，得图 4-3：

$$FOB/FCA \text{ 报价} = \frac{（实际采购成本 + 报关费 + 其他）×（1+ 预期盈亏率）}{1-（1+ 预期盈亏率）×（报检手续费率 + 银行手续费率）}$$

图 4-3　FOB/FCA 报价公式

注意：如此得出的公式中的 FOB 价格为总额，即合同金额，不是单价。

如果采用 CFR 术语报价，只需在上述公式中成本部分加入国际运费；如果采用 CIF 术语报价，则再加入保险费即可，报价步骤和公式推导方法都是一样的，注意各项费用之间货币币种的统一。

3. 进口核算的步骤

进口商根据出口商的报价，参照本国市场的销售价格核算出这笔业务的利润率，衡量是否接受这个报价，或者参考自己预期的利润率进行还价，如图 4-4。

1	FOB/FCA成交价
2	国外运费：
3	CFR/CPT成交价：（=1+2）
4	国外保费： 总保费率： 投保加成： 投保金额：
5	CIF/CIP成交价：（=3+4）
6	进口关税：
7	完税成本：（=5+6）
8	商检费： 报关费： 消费税： 增值税： 其他： 国内费用：
9	银行费用： 信用证费用： 信用证付款手续费： D/A、D/P付款手续费： T/T付款手续费：
10	总成本：（=7+8+9）
11	国内市场销货收入：
12	（预期）盈亏额：（=11-10） 预期盈亏率：

进口核算的具体步骤我们借助左图的"进口核算表"来完成。

如果收到出口商报价（总额）是 FOB/FCA 术语，则把该报价的数额填入（1）中，再加上国外运费（2）算出 CFR/CPT 价格（3），如此循序往下，算出进口这批货物的总成本（10）。用国内市场销货收入（11）减去总成本（10）得到盈亏额（12），即利润。因为还在核算中，是一个预期的销货收入，还未实际发生，所以盈亏额前加个"预期"。最后，盈亏额除以总成本得到盈亏率，即利润率。进口商内心有一个想要的利润率，如果预期盈亏率高于心中的利润率，则可以接受该报价；如果低于心中的利润率，则需要进行还价，方法为国内市场销货收入（11）减去预期利润（12）逆推出总成本（10），再逐步从 10 到 7、5、3，最后逆推出进口商想要的 FOB/FCA 报价（1），向出口商进行还盘。

图 4-4　进口核算的计算步骤

（三）跨境电商 B2B 平台中的价格设置

在阿里巴巴国际站发布产品，有一项很重要的交易信息，就是价格的设置，也就是我们通常意义上的出口报价了。价格设置有两种方式：一种是根据不同的数量来设置相应的 FOB 价格，如图 4-5；另一种是设置一个统一的 FOB 价格，如图 4-6。"起订量"（Minimum order Quantity，MOQ）指该产品支持的最小订货量（如 10 件起订），即由卖家自己设置的可接受的最小起订数量，填写具体的数值，不能是一个数字区间。同时，注意计价货币、计量单位、结算方式都可能影响到价格的高低。

【即问即答】

根据数量设置价格时，数量越多设置的价格越高还是越低呢？为什么能有差别？

设置一个统一价格的话，这个价格该依据多少数量来报价？

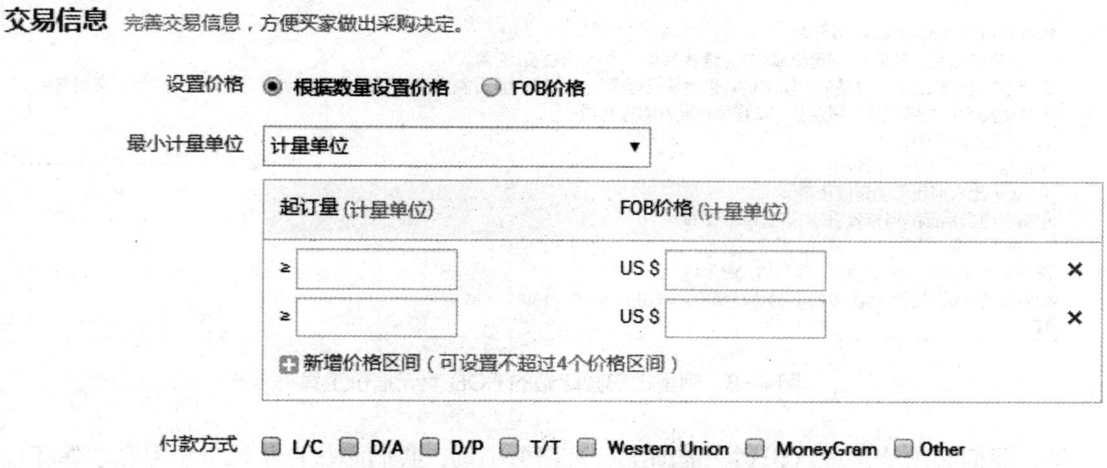

交易信息 完善交易信息，方便买家做出采购决定。

设置价格	● **根据数量设置价格** ○ FOB价格
最小计量单位	计量单位 ▼

起订量 (计量单位)	FOB价格 (计量单位)	
≥ [____]	US $ [____]	✕
≥ [____]	US $ [____]	✕

⊕ 新增价格区间（可设置不超过4个价格区间）

付款方式 ☐ L/C ☐ D/A ☐ D/P ☐ T/T ☐ Western Union ☐ MoneyGram ☐ Other

图 4-5　阿里巴巴国际站根据数量设置价格

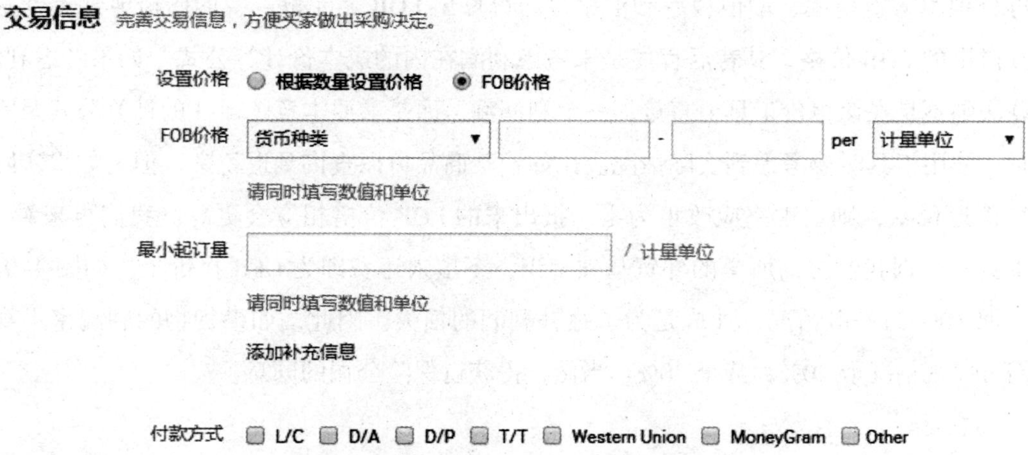

交易信息 完善交易信息，方便买家做出采购决定。

设置价格	○ 根据数量设置价格 ● **FOB价格**
FOB价格	货币种类 ▼ [____] - [____] per 计量单位 ▼
	请同时填写数值和单位
最小起订量	[____] / 计量单位
	请同时填写数值和单位
	添加补充信息

付款方式 ☐ L/C ☐ D/A ☐ D/P ☐ T/T ☐ Western Union ☐ MoneyGram ☐ Other

图 4-6　阿里巴巴国际站设置一个统一价格

阿里巴巴国际站还提供了外贸报价类的辅助工具，在"外贸工具"的"FOB 价格计算器"中可以打开，如图 4-7 和图 4-8。

当前位置：贸易经 > 外贸工具 >

图 4-7　阿里巴巴国际站的报价工具

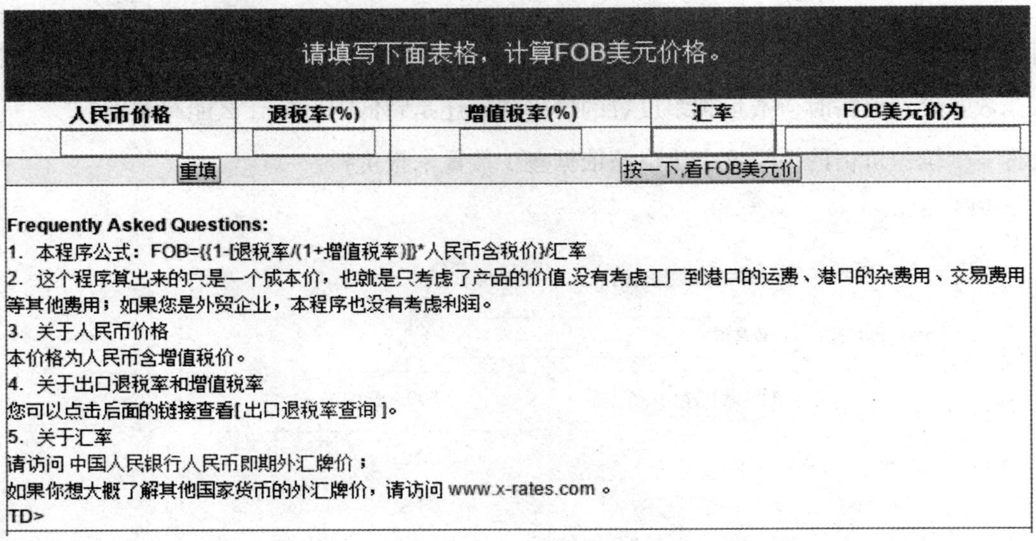

图 4-8　阿里巴巴国际站的 FOB 美元报价工具

　　但是，我们必须清楚地认识到，辅助工具只是个工具，我们必须在系统里学习和掌握相应外贸知识后，才能正确地、很好地利用好这个工具。在"人民币价格"栏目中填入出口货物的含税采购总价，再分别填入退税率、增值税率和汇率，即可算出 FOB 美元价。我们已经清楚看到，按这个报价工具得出的 FOB 价格，其背后程序是未考虑利润在内的成本价计算公式。如果考虑利润在内，精确的算法则不是在该报价工具上直接加一个利润额，而是参照本章图 4-3 的计算公式及其推导过程。同时，使用工具时要考虑到实际情况。比如：某商品可以查询到退税率，但是如果实际业务中无法获得该退税款，则退税率应改填为零，报出来的 FOB 价格相应会更高。我们再来看一下 CIF 的报价工具，根据我们之前所学的外贸基础知识，不填入运费即为 CFR 报价了，如图 4-9。"投保加成率"取 10% 为一般情况，加成是为了弥补利润的损失。因此，如果货物的利润率本身就比较高，我们可以视情况取 20%，甚至 30%。当然，得获得保险公司的同意。

请填写下面表格，计算CIF美元价格。						
(注意保险费有最低收费，本程序适用保险费高于最低收费时)						
FOB美元单价	数里	总运费及其他杂费(美元)	投保加成率(%)	保险费率(‰)		CIF美元总价为
重填			按一下,看CIF美元价			

Frequently Asked Questions:
1. 本程序公式：CIF美元总价=(FOB美元单价*数量+总运费及其他杂费)[1-(1+投保加成率)*保险费率]
2. 如果将保加成率和保险费率框中填"0"，则得到的是C&F总价。
3. FOB美元单价
您可以通过 FOB美元价格计算程序。
4. 总运费及其他杂费
您可以将运费及其他不能退税的费用全算里面这一项中，如利润等，但要注意的是一定要换算成美元（关于换算的汇率，请访问 中国人民银行人民币即期外汇牌价；如果你想大概了解其他国家货币的外汇牌价，请访问 www.x-rates.com ）。
5. 关于投保加成率及保险费率
投保加成，一般情况下取10%。关于保险费率，您可以和保险公司或货代联系，根据所到地区及险种不同有一定的区别。

图 4-9 阿里巴巴国际站的 CIF 美元报价工具

二、贸易磋商与合同签订

（一）合同的磋商与法律效力

以下我们将要学习的关于外贸合同的磋商及其法律效力的知识，来自《联合国国际货物销售合同公约》，简称《公约》。磋商是买卖双方为买卖商品，对合同的各项条款进行协商以达成交易的过程。在国际贸易中，磋商有明确的内容和规范的程序。磋商的过程可分成询盘、发盘、还盘和接受四个环节，其中发盘和接受是必不可少的，是达成交易所必经的法律步骤。

1. 询盘

询盘（Inquiry），也称询价，是指交易一方向另一方询买或询卖某项商品的交易条件。询盘的内容包括商品的品质、规格、数量、包装、价格、装运等成交条件或索取样品。在实际业务中，询盘只是探询交易的可能性，所以不具有法律上的约束力，也不是每笔业务的必经程序。

2. 发盘

发盘（Offer），也称发价、报价，是指交易的一方向另一方提出买入或卖出某种商品的各项交易条件，并愿意按这些交易条件达成交易、订立合同的一种肯定表示。在法律上称发盘为"要约"。一个有效的发盘必须具备四个条件：发盘应向一个或一个以上特定的人提出；发盘内容必须十分确定；发盘应表明订约的意旨；发盘应传达到受盘人，发盘只有被送达到受盘人时才生效。发盘对发盘人具有法律上的约束力，即在发盘有效期限内，发盘人不得随意撤销或修改其内容。如果在发盘有效期内，发盘人表示接受发盘，发盘人必须承担按发盘条件与对方订立合同的法律责任。发盘可能因为过期、撤销、被受盘人拒绝、被收盘人还盘、政府禁令等不可控因素而失效。

3. 还盘

还盘（Counter Offer），也称还价，是指受盘人对发盘内容不完全同意，而提出修改或变更的表示，只有受盘人才可以还盘。还盘是对发盘的拒绝或否定，同时又等于受盘人向发盘人提出的一项新发盘。还盘并不是每一笔交易磋商的必经环节，但多数情况下，一项交易的达成往往经过若干次的反复还盘。

4. 接受

接受（Acceptance）是指交易的一方同意对方发盘中提出的交易条件，并愿意按这些交易条件达成交易，订立合同的一种肯定表示。接受在法律上被称为"承诺"。构成有效接受应具备以下四个条件：接受必须由指定的受盘人做出；接受必须表示出来；接受必须是同意发盘所提出的交易条件；接受必须在发盘的有效期内送达发盘人。撤回通知只要同时或先于原接受送达发盘人，就可以撤回接受。接受通知一经到达发盘人即不能撤销。因为，接受一旦生效，合同即告成立。它与发盘一样，接受一经做出，也就承担了与对方订立合同的法律责任，接受是交易磋商的最后一个环节，也是交易磋商必经的一个环节。

经过磋商后形成书面的合同，即将磋商内容明确下来。国际上一般常用的书面合同有销售合同、购货合同、成交确认书、协议、备忘录、意向书、定单、委托订购单等形式。在我国出口业务中，书面合同主要采用两种形式：一种是条款完备、内容较全面的正式合同，如销售合同（Sales Contract）；另一种是内容较简单的简式合同，如销售确认书（Sales Confirmation）。两者虽然在格式、条款项目和内容的繁简上有所不同，但在法律上具有同等效力，对买卖双方均有约束力。合同是否具有法律效力，是否受法律保护，要具备以下几个条件：双方当事人必须在自愿基础上就合同条款达成协议；双方当事人必须具有订立合同的行为能力；合同标的内容必须合法；合同必须对价，即合同当事人之间相互给付，互为有偿。

（二）外贸合同的主要条款

书面合同一般由约首、正文和约尾三部分组成。其中，正文是合同的主体部分，具体列明各项交易条件或条款，包括品名条款、品质条款、数量条款、价格条款、包装条款、装运条款、支付条款、保险条款等基本条款以及商检条款、索赔条款、仲裁条款、不可抗力条款等一般条款。这些条款体现了双方当事人具体的权利和义务。按照我国法律规定，缺少主要条款的合同是无效的。

合同中的商品名称一定要明确、具体，并尽可能使用国际上通用的名称，避免履约的麻烦。品质是指商品的内在素质和外在形态的综合，可以用实物样品表示，也可以用文字说明来表示。合同条款中能用一种方法表示品质的，一般不要用两种或两种以上的方法来表示；注意各质量指标之间的内在联系和相互关系，要有科学性和合理性；描述应准确具体，科学合理，避免笼统含糊；凡能采用品质机动幅度或品质公差的商品，应订明幅度的上下限或公差的允许值。数量条款主要包括成交商品的具体数量和计量单位，有些受本身特性、生产、运输或包装条件及计量工具的限制，交货时不易精确计量的商品，通常要在合同中规定数量的机动幅度条款，允许卖方交货时数量在一定范围内灵活浮动。包装条款的内容一般包括包装材料、包装方式和每件包装中所含物品的数量或重量，有时还要规定包装费用和运输标志等内容。价格条款有两部分组成：单价和总值。单价的表述必须包含计价货币、单位货币金额、计量单位、贸易术语四部分，否则单价就是不明确的。例如，缺少贸易术语的单价就是不明确的，因为其他内容相同情况下的 CIF 术语单价比 FOB 术语单价要低。装运条款通常包括装运时间、装运港或装运地、目的港或目的地，以及分批装运和转运等内容，有的还规定卖方应予交付的单据和有关装运通知的条款。支付条款因结算方式的不同而内容各异，使用汇付结算方式的支付条款中应明确规定汇付的时间、具体的汇付方法和金额等；托收结算方式必须明确规定交单条件和付款、承兑责任及付款期限等内容；信用证结算方式应在买卖合同的支付条款中，就开证时间、开证银行、信用证受益人、信用证种类、金额、装运期、到期日等做出明确规定。保险条款的主要内容有保险金额、投保险别及确定适用的保险条款等。检验条款的主要内容有检验时间、地点和检验机构等。索赔条款包括异议和索赔两部分，异议和索赔条款一般是针对卖方交货不符合合同规定而订立的。其主要内容为：索赔依据、索赔期限、索赔方法和索赔金额等，通常在合同中只做一般笼统规定。不可抗力是一项免责条款，是指买卖合同签订后，不是由于合同当事人的过失或疏忽，而是由于发生了合同当事人无法预见、无法预防、无法避免和无法控制的事件，以致不能履行或不能如期履行合同，发生意外事件的一方可以免除履行合同的责任或推迟履行合同。仲裁条款的主要内容包括仲裁地点、仲裁机构、仲裁程序、仲裁效力和仲裁费用的负担等。

（三）跨境电商 B2B 平台中的知识应用

1. 合同磋商

上述关于合同磋商与法律效力的相关外贸知识来源于《联合国国际货物销售合同公约》（简称《公约》）。跨境电商 B2B 平台中，一般都以"询盘"或"在线洽谈"等功能用来合同磋商。在电子商务模式下，《公约》以 2005 年《联合国国际合同使用电子通信公约》（简称《电子通信公约》）作为补充，确保以电子形式缔结的合同和往来的其他通信，与其传统的纸质等手段具有同等效力和执行力。《联合国国际货物销售合同公约咨询委员会意见——关于电子通信的意见》（简称《关于电子通信的意见》）中则明确指出合同的订立或证明可以采用电子通信的方式。《电子通信公约》指出，发盘于送达受盘人时生效，"送达"是指当电子通信抵达收件人的邮箱地址。由于电子邮件一般都能即时送达，所以"撤回"是非常困难的。但是"撤销"仍然是可以实现的，只要受盘人在收到符合撤销条件的发盘电子邮件后并没有马上答复做出承诺就可以撤销。与发盘相似，在电子邮件方式下，接受（承诺）的撤回也是几乎不可能实现的。

2. 合同签订

合同各项条款的内容经磋商一致后，就要起草合同。阿里巴巴国际站"询盘"模块有"起草意向合同"功能。该功能给买卖双方提供了一个合同模板，当然也支持交易双方使用自己的合同模板，如图 4-10。但是，不管是什么样的模板，所需的合同条款和草拟的要点是基本相同的，需要我们运用学到的外贸知识进行磋商，最终拟定出严谨、合理的外贸合同，以免遭受不必要的损失。

合同模板中的内容主要包括产品条款、装运条款、支付条款和可自行撰写的条款。

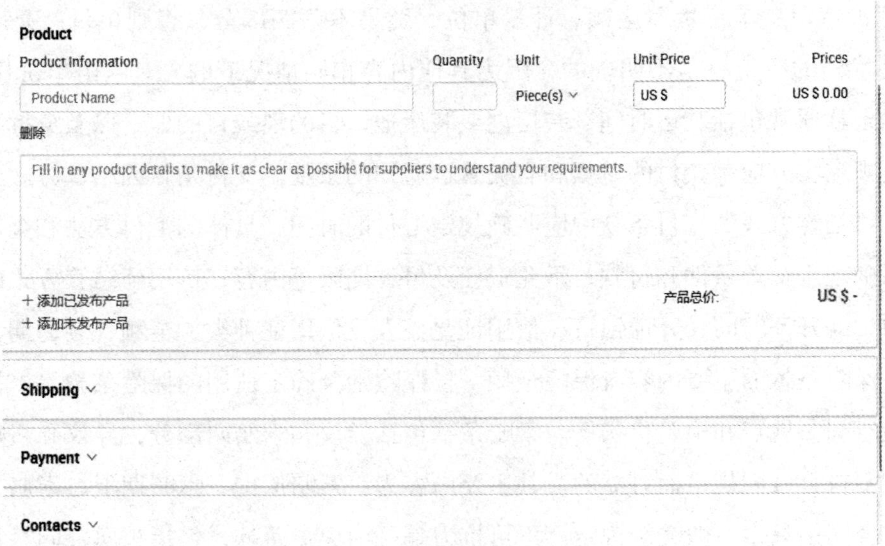

图 4-10　阿里巴巴国际站提供的合同模板

阿里巴巴国际站还有另外一种重要的合同形式，即"信用保障订单"，可以从"交易管理"菜单进入"起草信用保障订单"。"信用保障订单"是卖方与买方通过登录阿里巴巴国际站在线签署的，包含出口贸易条款（含品名、数量、价格等交易信息）和保障条款等内容的国际贸易合同。"信用保障订单"类似于淘宝的"支付宝"交易模式。起草信用保障订单有三种方式：在线起草、上传合同和超级信用证。"信用保障订单"与"询盘"中"意向合同"的主要区别在于运输条款和支付条款。"信用保障订单"的运输条款中必须对"出口方式"进行选择，1000以上美元的订单必须选择一达通代理出口；支付条款需采用带预付货款的方式，预付款和尾款的比例由买卖双方协商决定。如果出现纠纷，预付款可能根据"信用保障订单"协议，由阿里巴巴先行垫付退还给买方。

三、国际运输与保险

（一）国际货物运输的基本知识

1. 海洋运输

海洋运输因其运费相对较低、运量大、对货物几乎没有限制的特点，占据了全球80%以上的国际贸易量，而缺点是速度较慢。海洋运输可以分为班轮运输和租船运输两种方式。班轮运输又可以分为杂货班轮运输和集装箱班轮运输。班轮运输具有"四固定"（固定航线、固定停靠港口、固定船期、按照相对固定的运费率收取运费）的特点，运价内包括装卸费用，即货物由承运人负责配载装卸。租船运输则可以分为定期租船和定程租船两种。海洋运输的办理如图4-11。

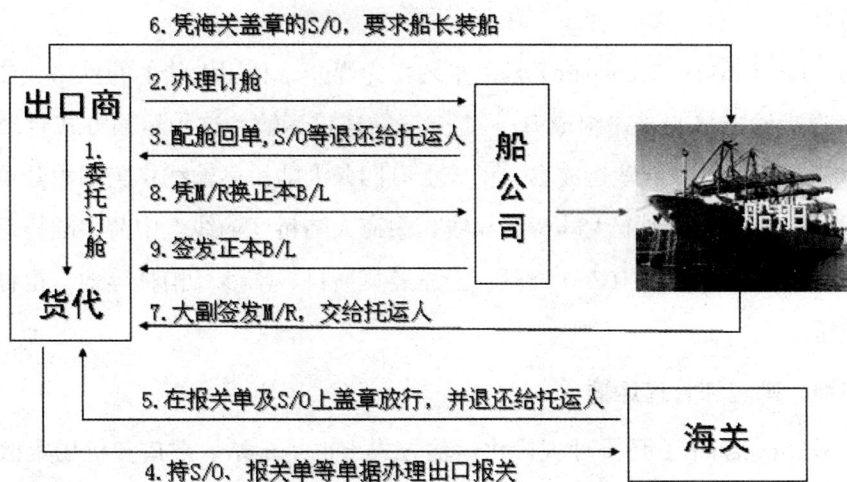

图 4-11 海洋运输的办理流程图

2. 航空运输

航空运输的优缺点与海洋运输恰好相反，其优点是运输速度快、运行时间短，发生货损的风险小，不受河海和道路的限制，节省包装、保险和储存的费用；而缺点则是运量有限、运费较高。航空货物运输的方式很多，有班机、包机、集中托运和航空急件传送等。班机有固定航线和固定的停靠航站，又能定期开航，准确到达世界各地，所以使用最广泛。包机分为整包和分包两种。集中托运方式指由航空代理机构把若干批单独发运的货物组成一整批向航空公司集中托运的方式。航空急件是由一个专门经营这项业务的机构与航空公司合作，设专人用最快速度在发货人、机场和收货人之间传送，如 DHL、FedEx、TNT、UPS。

3. 铁路运输

铁路运输具有运行速度快、运量较大、受气候影响较小、准确性和连续性强等优点，在国际货运中的地位仅次于海洋运输。我国对外贸易货物使用铁路运输可分为国内铁路运输和国际铁路联运两部分。运往港澳地区的货物由内地利用铁路运往香港九龙，或运至广州南部转船至澳门，即属国内运输。国际铁路货物联运是指两个或两个以上国家，按照协定，利用各自的铁路，联合起来完成一票货物的全程运输的方式。我国各铁路货运车站均可办理国际铁路货物联运。目前，我国负责国际铁路联运进出口集装箱货物总承运人和总代理人的是中国对外贸易运输总公司。

4. 国际多式联运

国际多式联合运输是指按照多式联运合同，以至少两种不同的运输方式，由多式联运经营人将货物从一国境内接受货物的地方运往另一国境内指定交付货物的地点。国际多式联运构成的条件主要有：①必须要有一个多式联运合同。必须使用一份包括全程的多式联运单据；②必须至少使用两种不限运输方式的连贯运输；③必须是国际间的货物运输；④必须由一个多式联运经营人对全程运输总负责；⑤必须是全程单一的运费费率。

5. 大陆桥运输

大陆桥运输（Land Bridge Transport）是以集装箱为媒介，利用大陆上的铁路、公路为中间桥梁把大陆两端的海洋运输连接起来，组成海—陆—海的连贯运输。这种运输方式合理地利用海陆运输条件，能缩短营运时间，降低营运成本。世界上有四条大陆桥运输线：美国大陆桥运输线、加拿大大陆桥运输线、前苏联西伯利亚大陆桥运输线、中荷大陆桥运输线。中荷大陆桥运输线东起我国连云港，西至荷兰鹿特丹，全长 10800 公里，沿途经莫斯科、华沙、柏林等地，也称第二欧亚大陆桥或新亚欧大陆桥。

6. 公路、内河、邮包和管道运输

公路运输（road transport）是一种现代化运输方式，也是车站、港口和机场集散进出口货物的重要方式。它具有机动灵活、速度快、方便等特点，尤其是在"门到门"运输中，更离不开公路运输。但其缺点是载货量有限，运输成本高，容易造成货损事故。内河运输是水上运输的重要组成部分，它是连接内陆腹地与沿海地区的纽带，在运输和集散进出口货物中起着重要的作用。邮政运输是一种简便的运输方式，国际邮包运输具有国际多式联运和"门到门"运输的性质，手续简便、费用不高。管道运输是一种特殊的运输方式，主要适用于运送液体、气体货物，如石油、天然气等。它具有固定投资大、建成后成本低的特点。

（二）保险的基本知识

保险是投保人（或被保险人）与保险人（即保险公司）订立合同，约定投保人向保险人支付保险费，保险人对可能发生的事故所造成的财产损失承担赔偿保险金责任的契约行为。对于进出口商来说，关键是要了解自己投保的险别是否覆盖了风险造成的损失，或者说依据风险发生的可能性来投保相应的险别。海运占据了国际货物运输的大多数，我们先来了解海运的保险。

1. 风险

海运风险从性质上划分，主要分为海上风险与外来风险两类。海上风险，是指船舶或货物在海上运输过程中所遇到的自然灾害和意外事故。自然灾害是指由于自然界变异引起破坏力量所造成的现象，如恶劣气候、雷电、海啸、地震、洪水、火山爆发等；意外事故指运输工具在运输过程中遭受意外的后果，如搁浅、触礁、沉没、互撞、与流冰或其他物体碰撞以及失火、爆炸等意外原因造成的事故。外来风险是指由于外来原因引起的风险，包括一般外来风险和特殊外来风险。一般外来风险包括偷窃、雨淋、短量、混杂沾污、渗漏、破碎、串味、受潮、受热、钩损和锈损等；特殊外来风险包括战争、罢工、拒收、进口关税、交货不到等。

2. 损失

损失分为全部损失和部分损失两种。全部损失指被保险货物遭受全部损失，全部损失又可以分为实际全损和推定全损。实际全损指保险标的物在发生保险事故后发生灭失，或者受到严重损坏完全失去原有形体、效用，或者不能再归被保险人拥有；推定全损是指货物发生保险事故后并未完全

丧失，是可以修复或可以收回的，但所花的费用将超过获救后保险标的的价值，因此得不偿失。在此情况下，保险公司放弃努力，给予被保险人以保险金额的全部赔偿即为推定全损。部分损失是指被保险货物的损失没有达到全部损失的程度，按其损失的性质又可以分为共同海损和单独海损。共同海损是指载货的船舶在海运途中遇到灾害、事故，威胁到船、货的共同安全，为了解除这种威胁，维护船、货的安全或者使航程得以继续完成，由船方有意识地、合理地采取措施所做出的某些特殊牺牲或支出某些额外费用叫共同海损。单独海损是指除共同海损以外的意外损失，即由于承包范围内的风险所直接导致的船舶或货物的部分损失，这种损失由受损者单独负担。

3. 险别

按照中国人民保险公司（PICC）制定的保险条款（C.I.C.），海洋货物运输保险险种可分为基本险和附加险两类。基本险是可以单独投保的险种，在海运货物中，基本险承保海上风险（自然灾害和意外事故）和一般外来风险所造成的损失，包括平安险（Free from Particular Average，FPA）、水渍险（With Particular Average，WPA 或 WA）和一切险（All Risks）。附加险是不能单独投保的险种，承保的是由于外来风险所造成的损失，它只能在投保了基本险的基础上加保，包括一般附加险和特殊附加险。平安险的承保范围的理解要点为"自然灾害造成的部分损失"不赔，那么对水渍险承保范围的理解就是平安险加上"自然灾害造成的部分损失"这部分，一切险的承保范围是水渍险加上一般附加险。因此，投保了一切险就不需要再投保一般附加险了。一般附加险对应的是一般外来风险，包括偷窃提货不着险、淡水雨淋险、串味险等 11 种；特殊附加险对应的是特殊外来风险，包括进口关税险、舱面险、黄曲霉素险等 8 种。

【即问即答】

偷窃提货不着险属于一般附加险还是特殊附加险？

在世界海上保险业中，英国是一个具有悠久历史和比较发达的国家，它所制定的保险条款对世界各国影响很大。目前世界上大多数国家在海上保险业务中直接采用英国伦敦保险协会所制定的"协会货物条款"。1983 年 4 月 1 日开始使用的"协会货物条款"（I.C.C.）共有六种险别：协会货物条款（A）[ICC（A）]、协会货物条款（B）[ICC（B）]、协会货物条款（C）[ICC（C）]、协会战争险条款（货物）、协会罢工险条款（货物）、恶意损害险条款。这六种险别中，ICC（A）、ICC（B）、ICC（C）可以独立投保。ICC（A）的承保责任范围较广，采取"一切风险减除外责任"的方式，它大体上相当于一切险；ICC（B）与水渍险比较，增加了船舶搁浅和倾覆、陆上运输工具倾覆或出轨、地震或火山爆发、浪击入海等条款，对不属于共同海损行为中的抛货责任和因湖水、河水进入船舶、驳船、运输工具的风险也可负责；ICC（C）比平安险的责任范围小，它仅对"重大意外事故"（Major Casualties）风险负责，对非重大事故风险和 ICC（B）中的自然灾害风险均不负责。

其他运输方式下的货物运输保险是在海洋运输货物保险的基础上发展起来的。陆上货物运输保险的基本险别有陆运险（Overland Transportation Risks）和陆运一切险（Overland Transportation All Risks）两种；空运货物保险的基本险别有航空运输险（Air Transportation Risks）和航空运输一切险（Air Transportation All Risks）两种；邮包货物运输保险的基本险别有邮包险（Parcel Post Risks）和邮包一切险（Parcel Post All Risks）两种。

（三）运输与保险涉及的单据

海洋运输最重要的单据是海运提单。海运提单是承运人或其代理人在收到承运货物时签发给托运人的一种单据，用以证明海上货物运输合同和货物已经由承运人接收或装船，以及承运人保证据以交付货物的单据。海运提单是承运人或其代理人签发给托运人的货物收据，表明已按提单所列内容收到货物；代表货物的所有权，谁拥有提单，谁就拥有物权，具有货物凭证性质。银行一般接受全套的、清洁的、已装船的海运提单。海运提单根据抬头的不同，又可分为记名提单、不记名提单和提示提单。航空运单是承运人与托运人之间签订的运输契约，也是承运人或其他代理人签发的货物收据。航空运单还可作为承运人核收运费的依据和海关查验放行的基本单据。但航空运单不是代表货物所有权的凭证，也不能通过背书转让。收货人提货不是凭航空运单，而是凭航空公司的提货通知单。多式联运单据是指多式联运经营人在收到货物后签收给托运人的单据。按照联合国贸发会议和国际商会共同制定的《多式联运单证规则》的规定，多式联运经营人负责货物的全程运输。

保险单证既是保险公司对被保险人的承保证明，也是保险公司和被保险人之间的保险契约，它具体规定了保险公司和被保险人的权利和义务。在被保险货物遭受损失时，保险单证是被保险人索赔的依据，也是保险公司理赔的主要依据。在国际贸易中，保险单证是可以转让的。常用的保险单证有：保险单、保险凭证和预约保险单。

（四）跨境电商 B2B 平台中的知识应用

跨境电商 B2B 平台整合了各种运输方式的物流服务，要求我们能够运用所学的相关知识，选择合适的运输方式。在平台上在线办理运输的过程中，也会运用到很多相关的知识，接触到所需的各类单据。办理运输的同时，做好配套的运输保险。阿里巴巴国际站的国际货物运输服务包括了海运、空运、陆运和国际快递等方式，由中国人民财产保险股份有限公司（PICC）提供保险服务。出口商可以在平台上在线查询船期、运价明细、费用总计等信息，并办理在线订舱、在线查询放舱信息等业务；提供在线查看空运运费、在线比价、在线下单等服务。

在海运方式下，卖方办理运输可以选择拼箱和整箱两种方式，如图 4-12 进行运价查询。拼箱时，输入的是货物的体积和重量；整箱时，则选择集装箱的规格和个数。运价查询显示的价格适用的是堆场到堆场（CY/CY）服务条款，即承运人在装货港集装箱堆场接收整箱货物并负责运至卸货港集装箱堆场整箱交付收货人。价格对应指定港口航线 / 航次即时有效，随时变动，所见即所得。运价显示为普箱打包价格，包含基础海运费（BAS）、燃油附加费（SBF）和紧急风险附加费（ERS），而不包括低硫费（LSS）、紧急风险附加费（ENS）、码头操作费（THC）及装港各项费用。

如卖方原因造成未能按时完成提空箱、装柜、报关、进港等操作导致无法装船而需改期出运的，均须向船公司支付 50USD/F 服务费，改签订单或取消订单产生的退关、堆存、滞箱、运输单证更改等额外费用均由客户自行承担。

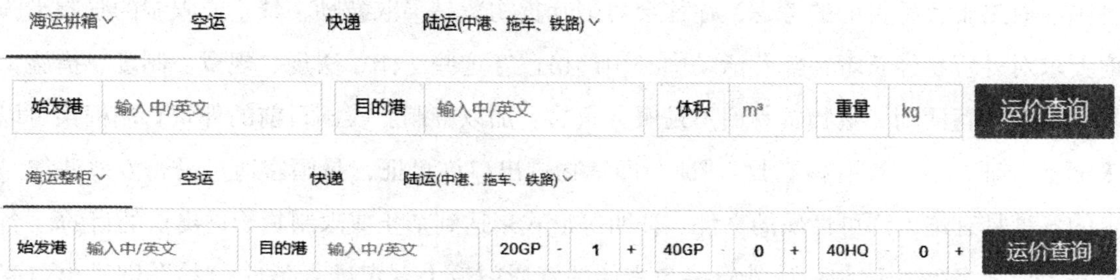

图 4-12　海运拼箱和整箱两种方式下的运价查询

在“一带一路”战略背景下，阿里巴巴国际站在陆运方面整合了“中欧班列”，将跨境电商的货物运往中亚和欧洲，并提供“门到门”服务，如图 4-13。

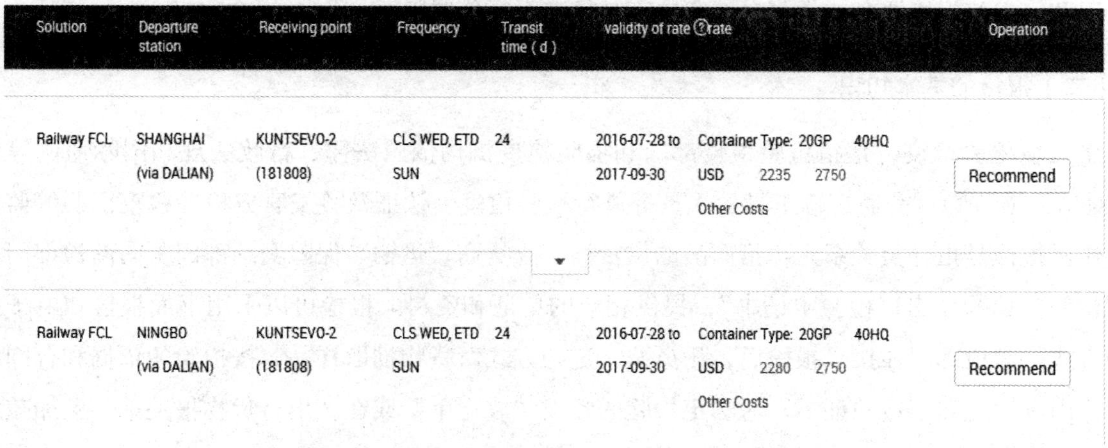

Solution	Departure station	Receiving point	Frequency	Transit time (d)	validity of rate	rate	Operation
Railway FCL	SHANGHAI (via DALIAN)	KUNTSEVO-2 (181808)	CLS WED, ETD SUN	24	2016-07-28 to 2017-09-30	Container Type: 20GP 40HQ USD 2235 2750 Other Costs	Recommend
Railway FCL	NINGBO (via DALIAN)	KUNTSEVO-2 (181808)	CLS WED, ETD SUN	24	2016-07-28 to 2017-09-30	Container Type: 20GP 40HQ USD 2280 2750 Other Costs	Recommend

图 4-13　阿里巴巴平台查询到俄罗斯的铁路运输服务并可在线下单

【技能提示】

中欧班列是指按照固定车次、线路等条件开行，往来于中国与欧洲及“一带一路”沿线各国的集装箱国际铁路联运班列。目前铺划了西、中、东三条通道中欧班列运行线。2017 年 5 月 13 日，2017 年第 1000 列中欧班列（X8024 次，义乌—马德里）满载小商品、服装等货物从义乌西站鸣笛驶出。作为铁路中欧班列重要组成部分，中欧班列（义乌—马德里）的首发线路，将贯穿新丝绸之路经济带，从义乌铁路西站到西班牙马德里，通过新疆阿拉山口口岸出境，途经哈萨克斯坦、俄罗斯、白俄罗斯、波兰、德国、法国、西班牙，全程 13052 公里，运行时间约 21 天。中欧班列（义乌—马德里）是目前中国史上行程最长、途经城市和国家最多、境外铁路换轨次数最多的火车专列。

四、监管方式与报关报检

（一）国际货物贸易的监管

各国政府出于各种目的的考虑，往往会对国际货物贸易采取鼓励、禁止或限制的管制措施。我国政府要求对外贸易经营者在经营活动中必须严格遵守这些法律、法规、规章、制度、措施，并授权海关对这些经营活动（货物贸易而不是服务贸易）加以管制。我国目前的外贸管制框架可以用五个字来概括：证、备、检、核、救。"证"即货物进出口许可证，是国家通过是否发放法律、法规所规定的各种具有进出许可性质的文件、证明等形式来达到禁止或限制货物进出口的目的；"备"即对外贸易经营者备案登记制，从外贸参与主体的资质门槛上规定准入条件；"检"即进出口商品检验检疫制度，其基本目标是要确保进出口商品的质量，保证社会稳定，保障国民生命安全与健康；"核"即进出口收付汇核销制度，出发点是为了保证对外交易的真实性，目前，核销单制度已被取消，但外汇管制并未取消；"救"，即贸易救济措施，这些措施主要包括反倾销、反补贴和保障措施等。因此，报关报检业务往往与对外贸易管制是密不可分的。

（二）报检的基本知识

出入境检验检疫，是指检验检疫部门和检验检疫机构依照法律、行政法规和国际惯例等的要求，对出入境货物、交通运输工具、人员等进行检验检疫、认证及签发官方检验检疫证明等监督管理工作。报检是指外贸关系人（指商品的供货商、收货商、运输、保险契约部门）向商检部门提出申请检验，填写"出口检验申请书"，提供相应的单证和资料。报检可以采用书面报检和电子报检两种方式。商检部门在接受报检后，派员按一定的方式对货物抽取样品，按检验的依据和合同进行检验，出具检验和鉴定的证书，对法定检验的签发"放行单"或在"出口货物报关单"上加盖放行章。商品检验证书是商检机构对进出口商品实施检验或鉴定后出具的证明文件，常用的检验证书有：品质检验证书、重量检验证书、数量检验证书、兽医检验证书、卫生检验证书、消毒检验证书、植物检疫证书、价值检验证书、产地检验证书等。

出入境报检程序一般包括准备报检单证，电子报检数据录入，现场递交单证，联系配合检验检疫，缴纳检验检疫费，签领检验检疫证单等几个环节。报检时，应使用国家质检总局统一印制的报检单，报检单必须加盖报检单位印章或已向检验检疫机关备案的"报检专用章"；电子报检数据录入，用经国家质检总局评测合格并认可的电子报检软件进行电子报检；电子报检受理后，报检人员应在检验检疫机构规定的地点和期限内，到现场递交纸质报检单，随附单证等有关资料；对经检验检疫机构工作人员审核认为不符合规定的报检单证，或需要报检单位做出解析说明的，报检人员应及时修改、补充或更换报检单证，及时解析，说明情况，报检人员应主动联系，配合检验检疫机构对出入境货物实施检验检疫；报检人员应在检验检疫机构开具收费通知单之日起20日内足额缴纳检验检疫费用；检验检疫完毕后，检验检疫机构根据评定结果签发相应的证单，报检人在领取检验检疫机构出具的有关检验检疫证单时应如实签署姓名和领证时间，并妥善保管。

（三）报关的基本知识

报关的实质是指进出境的对象向海关告知并办理相应手续的过程。在这个过程中，基本的当事主体有报关申请者、作为报关对象的货物、运输工具和物品、报关管理者的海关。报关程序是指进出口货物收发货人、进出境运输工具负责人、进出境物品所有人或其代理人向海关办理所对应货物、运输工具、物品进出境及其相关海关手续的流程。海关对不同性质的进出境货物规定了不同的报关程序和要求，我们主要学习最为常见的一般进出口货物。一般进出口货物是在进出口环节缴纳了应征的进出口税费并办结了所有必要的海关手续，海关放行后不再进行监管，可直接进入生产和消费领域流通的进出口货物。

首先是报关。一般进出口货物申报的步骤可以分为五步，具体包括准备材料、看货取样、电子录入、提交纸质单和海关审单。申报单证主要是报关单及其附带的若干单据，必须齐全、合法、有效，报关单必须真实、准确、完整且与随附单据的数据完全一致；进口货物收货人在向海关申报前，为了确定货物的品名、规格、型号等，可以向海关提交查看货物或者提取货样的书面申请；报关单位将需申报货物的相关数据录入计算机专门系统，并在完成审核后，将数据传送至海关报关自动化系统；海关对所申报上来的电子数据报关单相关栏目进行审核，审核通过后，海关同时通知申报人在收到通知之日起 10 日内提交纸质报关单据及其他相关材料；打印书面纸质单据，提交海关。

接着是海关查验和征收关税。海关查验是指海关为确定进出境货物收发货人向海关申报的内容是否与进出口货物的真实情况相符，或者为确定商品的归类、价格、原产地等，依法对进出口货物进行实际核查的执法行为。进出口货物收发货人或代理人将报关单及附随单据提交给货物进出境地指定海关，海关对报关单进行审核，对需要查验的货物先由海关查验，然后核对计算机计算的税费、开具税款缴款书和收费票据。进出口货物收发货人或其代理人在规定时间内，持缴款书或收费票据向指定银行办理税费交付手续，一旦收到银行缴款成功的信息，即可报请海关办理货物放行手续。

海关放行是指海关接受进出口货物的申报，审核电子数据报关单和纸质报关单及随附单证，查验货物，征免税费或接受担保后，对进出口货物做出结束海关进出境现场监管的决定，允许进出口货物离开海关监管现场的工作环节。海关放行一般由海关在进口货物提货凭证或出口货物装运凭证上加盖海关放行章。进出口货物收发货人或其代理人凭此提取进口货物或装运出口货物离境。最后，收发货人或其代理人向海关办理完所有的海关手续，履行了法律规定的与进出口有关的一切义务，就办结了海关手续，海关不再进行监管，称为结关。

（四）跨境电商 B2B 平台中的知识应用

在传统贸易下，出口商一般把通关的工作交由国际货代公司或者专业的报关行来完成，自身要做的是提供相关资料等配合工作。跨境电商 B2B 平台也整合了通关服务，出口商在配合过程中，或者选择自行报关，将会用到我们学习的相关外贸知识。出口商可以在阿里巴巴国际站的"一达通"

模块中完成通关业务，也可以选择自行报关后将报关底单上传到“一达通”系统。就以阿里巴巴国际站为例，出口商在委托通关和配合过程中，需要的外贸知识大致有：报关报检基本原则与注意事项、报关报检基本步骤、报关所需资料、商检所需资料、原产地证所需资料、各口岸及其通关特征、无纸化报关、通关各单据和证书的内容及其关系、贸易术语与通关责任、知识产权等。

作为出口商，需按照服务顾问的指导提供出口报关信息表和箱单以及相关订舱的信息。出口报关信息表是出口商在平台进行人工下单时使用（非线上自助下单），一般按照海关的要求，提供产品相关参数、功能、图片、出口口岸等必要的信息，如图 4–14：一个产品有不同的颜色时按照一个产品来申报；如果对应的品名、价格、品牌、型号，参数一致，或仅型号不一样，可以合并为一个产品申报；无品牌和型号的申报为无牌无型号；产品图片要显示型号、LOGO 或者标签；成交方式即填写贸易术语，参考本章第一部分内容；境外买家的公司名称和地址是必须提供的信息；货物中文品名须与增值税发票上的品名一致，否则无法退税；产地不一定要标明，具体视买家要求而定；产品特性的描述，一般如设备报用途、功能、工作原理，化工产品报成分、含量、用途，零配件报用于什么机器、材质；包装种类比如木托盘、木箱、纸箱等。

深圳市一达通企业服务有限公司--出口货物报关信息一览表

______公司　　　客户代码：

编号	中文品名（开票品名）	型号	数量	计量单位（中文）	单价	总额	币种	净重（KG）	毛重（KG）	包装件数	产地	目的国	品牌	产品功能原理、材质、尺寸、用途等
1	中文	X-1	20	个	2.5	50	USD	50	60	3	广州	美国	XXX	***
2						0								
3						0								
4														
	TOTAL：													

成交方式	FOB	散货、拼柜或整柜（20/40尺）：	20整柜	产品图片（缩小后放置）
出口口岸	蛇口			
包装种类	纸箱	是否需要我司安排物流：	否	
境内货源地	深圳			
是否退税	是	一达通报关还是贵司货代报关：	一达通	
境外付汇公司名称：	（一定要填）非常重要，我司会根据客户提供境外付汇公司名称到银行查询外汇）			
境外付汇公司地址：				
境外付汇公司电话：				
境外付汇公司传真：				

请修改蓝色部分信息后回传

填写提示：

1. 型号：是产品机身或铭牌上的MODEL号码，有MODEL号码不能报部件号、料号，无MODEL号码报产品本身或包装上印刷的部件号或料号，以上都不具备报无型号；
2. 品牌：是产品机身、包装上的注册品牌或生产企业LOGO标识或包装标准的标签贴纸，以上都不具备报无品牌；
3. 其他：出口设备请您提供用途、功能、工作原理，提供图片、说明书；出口化工产品请您提供成份、含量、用途；出口零配件请您提供用于什么机器、材质

图 4–14　出口货物报关信息表

五、国际贸易的结算方式

国际贸易的结算方式主要有汇付、托收和信用证三种，汇付又可分为预先付款（前 T/T）和记账赊销（后 T/T）。从风险的角度来说，前 T/T 的风险完全在买方，而后 T/T 则相反；托收以买方付款或承兑为条件来交单，但是否付款仍取决于买方的商业信用；信用证则以开证行为第一付款人，

属于银行信用。因此，对于卖方来说，信用证风险小于托收，而托收又小于后 T/T。但是，信用证的手续是最为复杂的，费用也最高；而汇付则最简单，费用也最低。我们应学会根据自身情况来权衡选择某种结算方式，或者将它们组合在一起使用。

（一）汇付基本知识与流程

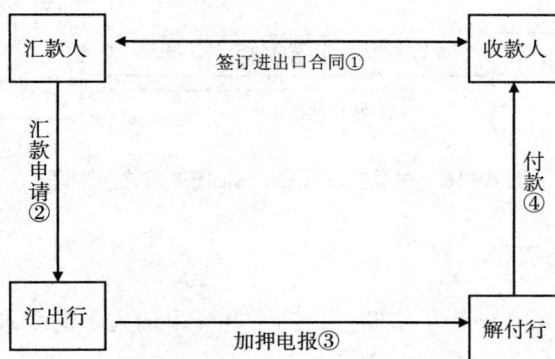

图 4-15　电汇方式流程图

汇付指债务人或付款人通过银行或其他途径将款项汇交债权人或收款人的结算方式，通常有汇款人、收款人、汇出行和汇入行四个当事人。按照使用的支付工具不同，汇付可分为电汇、信汇和票汇三种，以电汇最为常用。电汇（T/T）是指汇出行应汇款人的申请，采用电传、SWIFT（环球银行间金融电讯网络）等电讯手段将电汇付款委托书给汇入行，指示解付一定金额给收款人的一种汇款方式，如图 4-15。电汇方式的优点是收款人可迅速收到汇款，但费用相对其他两种方式较高。

（二）托收基本知识与流程

托收是出口人在货物装运后，开具以进口方为付款人的汇票（随附或不随附货运单据），委托出口地银行通过它在进口地的分行或代理行代出口人收取货款的一种结算方式，主要有委托人、托收银行、代收银行和付款人四个当事人。托收可分为即期付款交单（D/P sight）、远期付款交单（D/P after sight）和承兑交单（D/A），在操作流程上的差别主要在代收行向付款人收款阶段。如图 4-16 是付款交单（D/P sight）的流程图，特点是在⑤到⑦步骤，代收行向进口商提示付款后，进口商立即付清货款才能拿到货运单据去提货，即拿到货运单据是以立即付清货款为条件的。参照这个流程图，我们可以做如下描述：远期付款交单流程中，代收行向进口商提示付款，进口商在未来某个时间付清货款才能拿到货运单据；承兑交单流程中，代收行向进口商提示付款，进口商只需要在汇票上承兑即可拿到货运单据，远期到期后才付清货款。可见，承兑交单存在较大的风险。

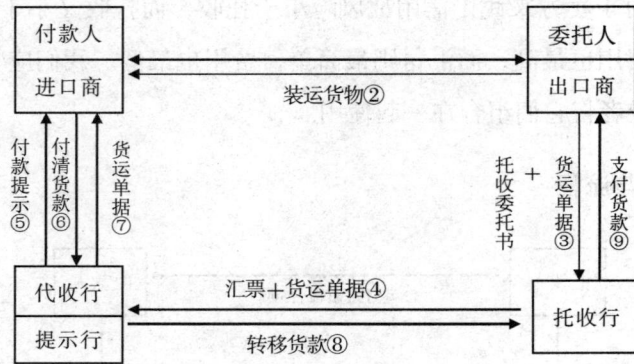

图 4-16　付款交单（D/P sight）方式流程图

（三）信用证基本知识与流程

信用证是由进口方银行（开证行）依照进口商（开证申请人）的要求和指示，在符合信用证条款的条件下，凭规定单据向出口商（受益人）或其指定方进行付款的书面文件。即信用证是一种银行开立的有条件的承诺付款的书面文件，多列明"除另有规定外，本证根据国际商会《跟单信用证统一惯例》（UCP600）办理。"信用证的主要流程为：进出口双方签订合同约定采用信用证结算方式，进口商向开证行申请开证，开证行向出口商所在地的通知行开出信用证，通知行审核表面真实性后将信用证通知给出口商，出口商审核信用证后按信用证规定发货并向议付行（通常就是通知行）提交全套单据，议付行将资金垫付给出口商后，取得单据并将单据寄给开证行要求偿付，开证行审核无误后进行付款，开证行将单据提示进口商付款，进口商付款赎单，取得单据后提货，如图4-17。可见，信用证的一大特点是进口方是否付款取决于开证行，而不是进口商，它是银行信用。信用证的另外两个特点是：信用证来自合同但独立于合同；银行处理的是单据，而不是单据所涉及的货物、服务或其他行为。

图 4-17　信用证的一般流程图

（四）跨境电商 B2B 平台中的知识应用

　　跨境电商 B2B 模式下，根据平台的功能和进出口双方的意愿，货款的支付可分为线上支付和线下支付两种。线下支付与传统国际贸易基本一样，需要我们运用所学的国际贸易结算知识和技能去完成各种结算方式的操作流程。但由于跨境电商 B2B 的订单碎片化特点，电汇（T/T）方式最为常用。一般会灵活采用预付定金，发货后再支付剩余货款的方式。

　　相关知识的学习和掌握也有助于我们理解和使用线上支付方式。下面我们以阿里巴巴国际站为例，介绍线上支付的做法。与传统国际贸易一样，线上支付方式的设计主要是为了解决风险和便利两方面问题。为此，阿里巴巴国际站引入了信用保障服务（Trade Assurance）。该服务授予中国供应商一定额度，如果发生中国供应商恶意拖欠货物或者没有按合同要求完成发货时，阿里巴巴国际站将先行赔付给国外买方。通过大量交易数据的沉淀，买卖双方得以在一定额度内开展先行付款或赊销。信用证结算方式中银行信用支撑起了结算体系，阿里巴巴国际站则用"先行赔付"的做法和信用保障体系支撑起了线上支付结算体系。另外，阿里巴巴国际站还引入了线下的中国出口信用保险来覆盖自身额度外的风险。信保订单的付款方式有三种：e-Checking、信用卡和 TT，如图 4-18。

图 4-18　信保订单的三种付款方式

　　e-Checking（ACH）是阿里巴巴信用保障服务提供的一种新的在线支付方式，全程网上进行，操作便捷（类似信用卡在线支付，填写账户信息授权后等待扣款即可），目前仅面向持有美国支票账户（US checking account）的买家进行美金支付。每笔支付银行手续费固定为 15 美金，由付款方（买家）承担，买家在使用 e-Checking 付款的时候自动累加并扣取。信用卡支持 VISA 和 MASTER

CARD 支付，单笔支付最高限额为 2 万美元，付款手续费是金额的 2.8%，由买家承担。TT 付款需付到该订单固定的收款账号，根据中转银行情况产生不同的手续费。

本章小结

开展跨境电商 B2B 业务，需要具备扎实的国际贸易实务知识。同时，我们又需要把这些国际贸易知识与跨境电商结合起来，而不能仅限于传统贸易业务中。掌握对外贸易术语和报价核算，才能在跨境电商 B2B 平台中设置产品价格；在跨境电商 B2B 平台中签订合同同样需要具备外贸合同各条款的知识；在业务履约过程中，我们需要具备运输、保险、报关报检、货款支付等外贸知识。

自我测试

单项选择

1. INCOTERMS 2010 包含（   ）种贸易术语。

A. 10　　　　　　B. 11　　　　　　C. 12　　　　　　D. 13

2. 出口报价时，如果利润率一样，（   ）贸易术语报出来的价格最高。

A. EXW　　　　　B. FOB　　　　　C. CFR　　　　　D. CIF

3. 海洋运输最重要的单据是（   ），具有物权凭证的性质。

A. 海运提单　　　B. 海运单　　　　C. 装运通知　　　D. 提货单

4. 投保了一切险后，不需要再加投的附加险是（   ）。

A. 进口关税险　　B. 舱面险　　　　C. 黄曲霉素险　　D. 串味险

5. 由于跨境电商 B2B 的订单碎片化特点，（   ）结算方式最为常用。

A. 信用证　　　　B. 托收　　　　　C. T/T　　　　　D. M/T

简答

1. 试推导 FOB 出口价格计算公式。

2. 外贸合同的主要条款有哪些？

【实训参考方案】

签订跨境电商 B2B 的贸易合同

· 实训目标

在跨境电商 B2B 平台提供的合同模板中，草拟出一份各项条款内容完整、合理的贸易合同；锻炼就合同各条款内容的磋商能力，尤其是出口报价和进口核算的能力。

·实训方式

将学习者分成两组，分别模拟跨境电商 B2B 的供应商和采购商，由实训指导教师提供合同标的，双方首先就外贸合同各项条款以负责任的态度进行磋商，然后以阿里巴巴国际站的合同为模板草拟和签订合同。

·实训步骤

1. 指导教师将学习者分成两组，模拟进出口双方，并提供合同标的；

2. 进出口双方就外贸合同的各项条款进行磋商，最好以书面的询盘方式或者模拟即时聊天系统；

3. 将磋商的最终结果以阿里巴巴国际站的模板草拟出合同，经双方审核后签订；

4. 将合同磋商、草拟、签订过程中的得失撰写成一份实训报告。

·实训评价

主要从以下几个方面评价学习者的实训成果：

1. 磋商过程中函电撰写能力或者即时聊天中的语言表达效果；

2. 合同各项条款的内容合理性，尤其是价格是否合理，双方在合同中体现出来的负责任的态度；

3. 合同条款的文字表达是否完整、规范、准确、清楚。

第五章

网络磋商方式与技巧

【学习目标】

本章旨在让学习者掌握询盘、采购直达、在线洽谈等三种跨境电商 B2B 的网络磋商方式，在熟悉与平台相融合的网络磋商方式特点和操作要求的基础上，着重掌握网络磋商中的价格磋商技巧、样品问题磋商技巧和最终促成订单的磋商技巧。

【知识要点】

1.跨境电商 B2B 的询盘概念与类型、询盘的撰写和回复；
2.采购直达的概念及其与询盘的区别、报价表单的内容；
3.在线洽谈的概念及其常用的通信软件；
4.网络磋商方式下的一些磋商技巧。

【核心概念】

1.询盘
2.采购直达
3.在线洽谈

【情境导入】

由于小张在校期间掌握了扎实的专业知识和技能，很快就完成了外贸相关知识回顾的任务。现在，小张要真正开始接触跨境电商 B2B 的业务了。他非常期待自己第一笔订单的到来。但是，小金告诉他："要想从跨境电商 B2B 平台接到源源不断的订单，你要学习的还有很多，要熟悉在阿里巴巴国际站中与客户进行磋商的几种方式，并掌握相应的磋商技巧。"

在小金的帮助下，小张开始学习识别和分析询盘，撰写规范、有效的邮件来回复询盘；对买方发布的采购需求进行回复，正确地填写报价表单；利用 Trade Manager、Trade Messenger、Skype 等软件的各种功能进行在线洽谈。小金还向小张传授了网络磋商中的价格磋商技巧、样品问题磋商技巧和最终促成订单的磋商技巧，并让小张在今后的工作中自己去慢慢总结和体会。

【引导案例】

价格是交易双方在磋商过程中的一个要点，出口业务员要掌握价格磋商的技巧，避免一些价格磋商的误区。我们来看一下这个案例：

汤姆曾在南加州一家房地产公司担任总裁，那是一家规模很大的公司，一共有 28 家分公司，524 名业务代表。一天，一位杂志广告推销员来到汤姆的办公室，向汤姆推销他们杂志的广告空间。汤姆非常熟悉那家杂志社，知道这是一个很好的机会，早已做出要在这家杂志上刊登广告的决定。况且推销员给出的报价也非常合理，只有 2000 美元。但汤姆还是习惯性地跟推销员磋商起价格来，运用娴熟的磋商技巧，把价格一直压到 1500 美元。最后，汤姆运用了"更高权威法"。汤姆告诉推销员："看起来不错。可我必须先征求一下管理委员会的意见。他们今天晚上就有一次会议，我会把这件事情告诉他们，然后再给你最后答复。"几天以后，汤姆给那位推销员打电话，告诉他："这件事情确实让我太尴尬了。你知道，我本以为完全可以让管理委员会接受 1500 美元的价格，可结果却发现很难说服他们。公司最近的预算情况让每个人都大为头疼。他们给了一个新的报价，可这个报价实在太低了，我都不好意思告诉你。"电话那边沉默了好长一段时间，然后传来一个声音："他们同意付多少钱？""1000 美元。""可以。"推销员回答。就在那一瞬间，汤姆突然有一种被骗的感觉。虽然价格从 2000 美元谈到了 1000 美元，可汤姆仍然相信自己完全可以把价格压得更低。而这个可悲的推销员呢，他给客户那么低的价格，可能自己的提成没多少了，奖金也没有了。他付出了这么多，但客户却没任何的感激之情。

请思考：

（1）你认为该如何进行报价和后续的价格磋商？

（2）如何看待电子商务模式使商品的价格更加透明化？

（3）跨境电商 B2B 模式的磋商与传统贸易下的磋商有什么不同吗？

一、询盘

（一）认识询盘

询盘也叫询价，是指交易的一方准备购买或出售某种商品而向对方询问买卖该商品的价格、规格、品质、数量、包装、装运、交货期等交易条件。因多数询盘主要是询问价格，业务上常把询盘也称作询价。跨境电商 B2B 平台中一般都提供有固定模板，方便客户进行询盘。询盘根据发起者可分为买方询盘和卖方询盘。在跨境电商 B2B 模式中，一般都是买方经过搜索产品找到并联系供应商询问各项交易条件，因此基本上属于买方询盘。在搜索结果中发现感兴趣的供应商，点击"Contact Supplier"，利用平台提供的模板填写并点击"Send Inquiry Now"发送一个询盘，如图 5-1 和图 5-2。按照平台提供的模板填写的询盘，是针对某具体产品的，包括了商品数量和详细信息，还可能有附件，属于具体询盘。阿里巴巴国际站的买方发送询盘后，卖方即可在"商机管理中心（询盘）"下的"询盘"中查看和处理。

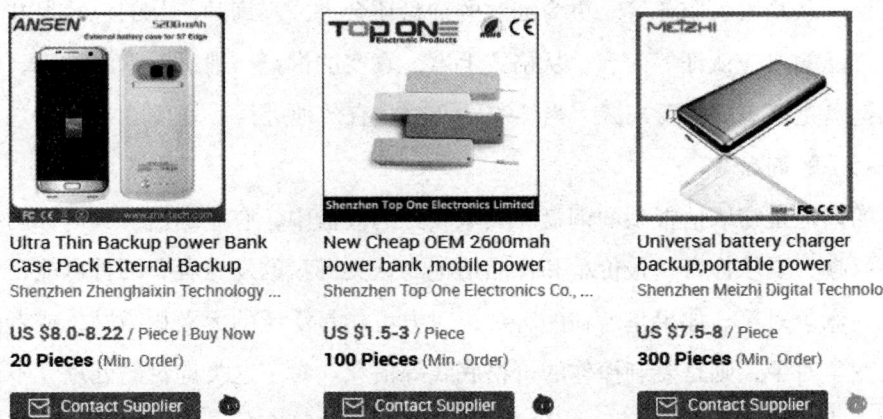

图 5-1　买方搜索产品找到供应商

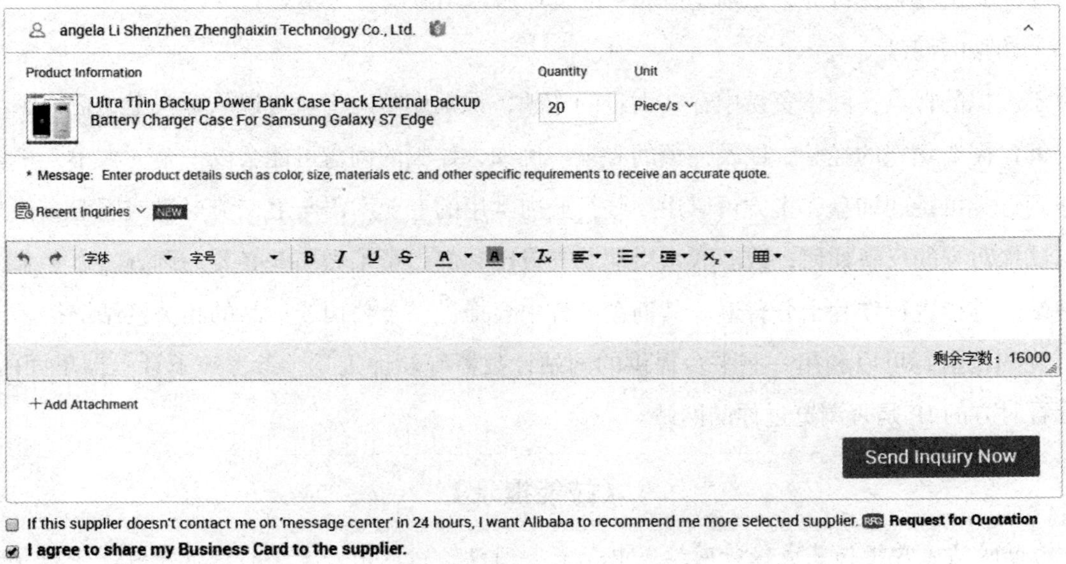

图 5-2　填写询盘模板并发送给卖方

（二）分析询盘

跨境电商 B2B 平台的外贸业务员每天都会收到很多新的询盘，特别是在公司做了网络推广的情况下。但是，其中有很多是无用或者虚假的询盘。如果是真实的询盘，没有认真答复可能会失去一个重要的客户；如果是竞争对手，发了详细的资料或者报价，将会泄漏自己的信息。因此，在对询盘进行回复和管理之前，我们需要先做分析。

1. 询盘识别

询盘识别是在众多待回复和处理的询盘中，识别出哪些是真实的询盘、竞争对手的询盘、诈骗的询盘或者无效的询盘，以便有效地区别对待。

（1）真实的询盘

真实的询盘是寻找卖家型的询盘，询盘内容比较具体明确，一般会列明具体产品、数量、颜色、规格、交货时间、包装等。询盘中也会留有详细的联系方式，如公司名称、电话、传真、邮箱、地址、网址、联系人、职务等。更为细致的询盘还会进一步询问产品的包装尺寸、和其他产品之间的差异、产品的对应认证等内容。从格式上看，真实的询盘一般有对您的称呼，区别于群发的询盘。真实的询盘是订单的主要来源，当然需要及时、有效地进行回复。

（2）竞争对手的询盘

竞争对手的询盘是窃取情报型的询盘。卖家收到的询盘中，有些询盘没有对你的称谓，只是表示对您公司有兴趣，要求你寄送报价单和样品给他。这类询盘的发送者有两种可能，一是潜在的客户，另一种就是竞争对手。如果是潜在的客户，对方可能是泛泛的大面积撒网，或者是单纯的想要样品；如果是竞争对手，则是要刺探你的价格底线等信息。对于这类询盘的处理，不妨先回复几个开放式的问题，或者给对方介绍一下本公司的主要情况和主打产品，请其回复并根据回复进一步地识别。竞争对手的询盘往往都是群发的询盘，意在收集产品信息，可能是新成立的贸易公司准备进军该行业而做出的刺探行为。识别竞争对手的询盘后，当然要置之不理。

（3）诈骗的询盘

由于虚拟的特点，网络贸易中存在大量的诈骗，识别诈骗的询盘可以从源头上免遭诈骗。识别诈骗的询盘需要卖家的经验，以及谨慎的心理。例如，诈骗的询盘可能会以一个"大单"来诱惑卖家。遇到这类可疑的询盘，卖方可以用一些行业内常用的专业术语与之交流对话或问对方一些专业问题，试探对方的反映如何；或者联系当地朋友或正规部门帮忙做一些必要的调查。近年来，利用钓鱼网站的链接进行诈骗十分普遍。其询盘内容中会提供一个公司或产品的相关网站链接。遇到的这类可疑的询盘，可以利用一些平台提供的网站计数器等软件工具，参考一下计数器里面的 IP 记录，看看对方的 IP 是否浏览过你的网站。

【技能提示】

钓鱼网站通常指伪装成银行网站或电子商务网站，窃取用户提交的银行帐号、密码等私密信息的网站。钓鱼网站的页面与真实网站界面完全一致，要求访问者提交账号和密码。它一般通过电子邮件传播，跨境电商 B2B 平台中的询盘也是其中的一种途径。我们应特别注意询盘内容中的一些链接，尤其小心由不规范的字母数字组成的 CN 类网址。除了询盘，钓鱼网站链接也经常通过 QQ、MSN、阿里旺旺等客户端聊天工具发送传播。

（4）无效的询盘

无效的询盘是指来自没有真正需求的买方询盘。无效的询盘可能是买方并无购买动机的"随口一问"，或者是来自一些连自己客人想要什么都不清楚的中间商，也有可能是在做广告宣传。当然，为了争取潜在的客户，这类询盘可以进一步跟踪。明显的广告和一些询问的不是本公司产品的询盘，则是更为"无效"的询盘，可以用事先统一做的包含公司介绍、产品介绍、询问客户情况等内容的格式化的邮件进行回复，或干脆置之不理。

2. 背景分析

对询盘的背景分析包括公司信息的分析、买方业务员信息的分析和市场信息的分析。

（1）公司信息分析

收到询盘后，可以根据客户留下的联系方式与网址或 E-mail 地址，通过 GOOGLE、BAIDU、YAHOO 等搜索引擎去查找询盘公司的相关信息。一个一般规模的公司都会有自己的行业网站，有时还可以搜索到一些别的公司对此公司评价的新闻，从而可以了解到这个公司的信誉度、实力、专业度等。如果觉得不够可靠，还可以进一步查该公司负责人的情况以及该公司过去几个月的营业状况等。如果买方公司的信息不能通过互联网查到，则应该对该询盘保持谨慎的态度。由于不同的公司种类对于盈利模式和服务模式有不同的需求，业务员还应对该公司是一家中间商或最终用户进行判断，看对方是一家经营此产品的批发商、分销商还是零售商。

（2）买方业务员信息分析

对询盘发送者（买方业务员）信息的分析，可以从对方的文字风格来判断他 / 她的性格脾气。如对方使用的语言文字简洁精炼，则可判断其办事可能是雷厉风行，不喜欢拖泥带水的。对于业务员职业道德的分析也是很重要的。缺乏职业道德的业务员，往往没有诚信可言，应避而远之，留下时间和精力发展良好的客户。

（3）市场信息分析

在充分了解客户信息的基础上，分析一下目标市场，根据市场进行价格定位。通常我们可以按价格水平分几个区域，每个区域都有它的鲜明特点：对产品质量的要求高的区域，价格当然也不能低，否则他们可能不相信你是好的供应商；对价格最为敏感的区域，则应尽量压低价格。还可以分析一下目标市场的需求情况，即使完全相同的东西，由于用途不同，价格也不同。例如，用来焊轿车和铁壶的两块同样的焊铁，价格可能差十几倍甚至几十倍。

（三）回复询盘

1. 准备工作

跨境电商 B2B 供应商每天需要回复的询盘往往有很多，需要将询盘分配给不同的业务员来回复，询盘分配规则包括按区域分配和按产品分配，可以使业务员能够熟悉自己所负责的区域或者产品，如图 5-3。所有询盘分配及规则设置都是由主账号或业务经理来操作的（主账号分配整个公司的询盘，业务经理分配下属业务员的询盘）。按区域分配好后，对应区域的买家发来的询盘给到对应区域的负责人，一个区域只能分给一个账号；按产品分配，买家针对某一个产品发来的所有询盘，都分配给该产品对应的负责人，若买家是针对公司发来的询盘，给到公司联系人，再由管理员账号或业务经理进行手动分配。管理员账号可以查看到公司所有询盘，业务员只能查看自己的询盘，业务经理账号可以查看自己账号及所属业务员账号的询盘。

不论每天能收到几个新的询盘，作为跨境电商 B2B 模式下外贸业务员都应该养成每天查看询盘的习惯，以保证尽快查看和回复已分配但未处理的新询盘，提高客户满意度。业务员在对询盘进行识别后，按紧急和重要情况进行标记，明确立刻回复、稍后回复还是忽略该询盘。在分析询盘的同时，就应该根据分析结果，做好回复询盘的一切准备。首先，业务员必须深入了解自己的产品。说不清楚在做什么产品，夸大事实，与实际完全不符，侧重点不明确或者是没有侧重点等都是不够专业的表现，当然难以得到买方的信任。其次，要做好各种可能用到的资料的准备，包括物流信息、原材料和产品供求情况、包装、产品图片、样品等。最后，应尽可能开通多种沟通方式，如长途电话、网络电话、传真、专业独立的企业邮箱、在线聊天工具等。

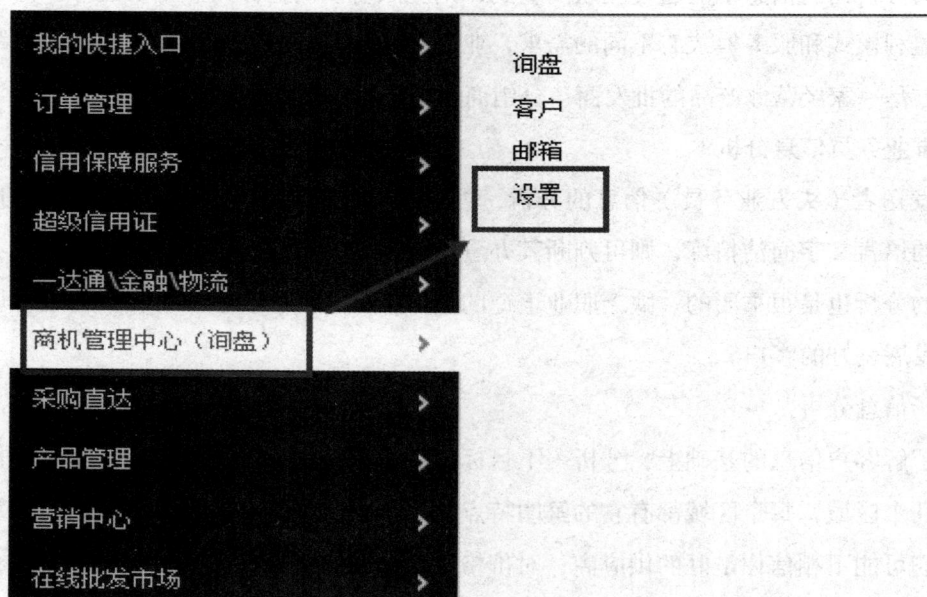

图 5-3　将询盘分配给对应的业务员来回复

★图片来自阿里巴巴服务中心。

2. 回复询盘的要求

询盘的回复，是供应商留给买方的第一个印象，将会在很大程度上影响今后交易的成功率，一定要认真对待。回复询盘要达到及时、准确、全面、简洁、专业五项基本要求。

（1）及时

买方通常都会同时向多个卖方询盘，最先回复的卖方有更多的机会赢得订单。对由于种种原因暂时不能回复的，如需要时间去联系工厂或审核相关费用，应尽早给客户发邮件告诉他可以什么时候回复他提出的问题，而不是置之不理。对于不能完整回复的，应把可以回复的问题先告诉客户，另外告诉一个确切的日期来回复剩余的问题。回复询盘后，查看一下自己刚才所做的回复询盘的操作记录，以确定回复有效。

（2）准确

要写好回复询盘的邮件内容，首先要正确理解客户询盘的准确意思，如有不清楚的地方，则应立即向客户询问了解，切忌一知半解。另一方面，卖方要将自己的意思表达清楚准确，将自己公司介绍清楚，多使用有说服力，准确的数据，切忌使用模棱两可或含含糊糊的词语和内容，少使用难懂的词语或表达方法。

（3）全面

要全面彻底地回答询盘所提出问题的方方面面，通常客户也有自己的客户或用户，也需要将明确具体的信息传递给自己的客户。所以，如果内容不全面，肯定会导致客户或客户的客户再次发邮件追问，耽误双方的时间和精力。邮件落款要有公司名称、网址等详细联系方式，方便买家了解更多信息，最好在邮件最前方插入发送邮件的时间。

（4）简洁

电子邮件也应像传统的商业书信一样，不论是排版还是语句都应简洁明了。除了内容上的一目了然，排版也要清楚整洁。首先将撰写邮件的字体，字号都设置好，不要一会儿大字一会儿小字，也不要花花绿绿的，特别是不要全篇都是大写字母，会增加阅读的难度，让人反感。一些需要特别提醒客户注意的地方，才用大写，加粗，特殊颜色等突出显示。可以使用统一的信纸，如把公司LOGO或公司名称做水印的信纸等。

（5）专业

很多买家在选择供应商时，特别是长期的合作伙伴时，特别注重供应商是否专业，除了经营产品专一，行业知识丰富外，一封地道的回复邮件也能显示供应商或业务人员的"专业功底"，提升公司形象。你所回复的邮件内容要让客户感觉你就是做这个产品的，你是这个产品、这个行业的专家，你所发的信息是值得信赖的。尽量不要让客户做问答题，要给客户做选择题。

3. 回复询盘的邮件撰写

撰写一封规范的用来回复询盘的邮件，应包含邮件标题、开头、正文、结尾和落款五个部分，内容做到既完整又简洁。

（1）标题

邮件标题是客户最先看到的东西，邮件标题写得不好，可能会导致这封邮件永远也不会被打开来查看里面的内容。好的邮件标题要突出重点且有针对性。比如："To A Company from B Company"或者"Preferential quotation for A at the price of..."。对于来往邮件很多的客户，清晰的主题可以让他对邮件内容有初步的了解，节省筛选的时间。

（2）开头

邮件开头包括称呼、礼貌用语和自我介绍。在知道对方姓名的情况下，称呼一定要写明白，要有礼貌，符合行业的表达习惯；接着要表示问候，比如初次回复的"Best greetings for you"和第二次回复的"I am glad to hear from you again"；初次回复时要做一下自我介绍及显示公司实力的简单介绍，如"I am A from B company, which is a professional manufacturer of…"。

（3）正文

在正文里要对询盘所提出的问题进行一一回复，必要时可以附上产品目录和图片等资料。其中，报价是正文里最为重要的一个部分。报价这部分内容要写完整，包括品名、最小订购量、产品标准、运输方式、包装、交货期和报价的有效时间等，总之要尽可能详细。也可以在正文中对公司主要产品进行介绍，或许能成为新的订单。如果邮件正文内容太多，为了简洁明了，可以把部分内容放在附件。

（4）结尾

结尾部分可以写一些促使对方下订单的语句以及表示对订单的期待和感谢，比如："市场需求旺盛，库存有限，期待您的订单。"

（5）落款

很多人在邮件最后只简单地落上自己的名字后就把邮件发给了客户，如果该客户本来就熟悉你倒也无妨，但如果该客户是个新客户，你是第一次联系该客户，则这样的邮件收尾就明显不够。落款中要留下自己公司的联系信息，包括：公司的名称、邮件地址、网站地址、自己的姓名、职务和详细的联系方式等。

（四）常见的询盘分析与回复示例

1. 示例一：

收到的询盘内容：

I'm interested in your children jackets, I would like to know more about your products and price.

询盘分析：

该询盘的内容过于简单，对产品的需求不明确，是表明对一类产品感兴趣，没有提及其他的交易条件。询盘中也没有对自己公司及业务的介绍。该询盘很有可能是为了收集信息的竞争对手的询盘。当然，也有可能是当前不太有具体购买需求，希望了解一下行情的潜在客户。在处理完重点询盘后，我们也可以对其进行回复，同时试探对方的虚实。

询盘回复：

Dear sirs,

Thanks for your inquiy of XX.XX,XXXX from alibaba.com.

In order to make more specific quotation accordingly, please kindly tell us the model numbers you prefer to after checking our website of http://www.xxxx.com.cn.

Besides, in order to help us offer the best price, please introduce your company in details.

Looking forward to your early reply.

Best Regards

XXX

2. 示例二：

收到的询盘内容：

We are an importer of various children's jackets in America. There is a promising market in our area for moderately priced goods of this kind. We would like you to send us details of various ranges, including sizes, colors and prices, and also samples of the different qualities of material used. When quoting, please state your terms of payment and discount you would allow on purchases of quantities of not less than 100 dozens of individual items. Price quoted should include insurance and freight to Los Angles.

Yours faithfully

Peter

ABC Company

No.123, Road XXX, Los Angles, America

询盘分析：

该询盘的内容比较具体，提及了多项交易条件，点明了价格的重要性。询盘中对买方的公司做了自我介绍，留下了业务员签名、公司名称和具体地址。因此，它是一个有价值的真实的询盘。对于这样的询盘，我们应有针对性的回复并在后续重点跟踪和关注。

询盘回复：

Dear sirs,

Thanks for your inquiry of XX.XX,XXXX（日期）from alibaba.com.

We are a leading exporter in children's jackets in china and our price is very competitive. If you purchase more than 100 dozens of individual items, we would agree to give you a 5% discount. This is the lowest possible price. The catalogue and pricelist according to your requirements have been sent to you. However, samples of the material used will be sent to you based on your further requirements on the specific products.

Looking forward to your early reply.

Best Regards

XXX

二、采购直达

（一）什么是采购直达

询盘是买方搜索到卖方产品后，首先由买方发起，与卖方建立贸易关系的一种磋商方式。而采购直达则刚好相反，即卖方看到买家的求购信息后，首先由卖方发起，与买方建立贸易关系的一种磋商方式。采购直达（Request for quoting，RFQ）是买家委托采购的意思，是跨境电商 B2B 平台一个高速增长的全新线上外贸大市场，如图 5-4。它为供应商打破询盘磋商的守株待兔模式，由买方发布采购需求，卖方根据买方要求主动报价并进行交易磋商，直至达成交易订单。阿里巴巴国际站对每个采购需求只限 10 个供应商报名，满额后就会关闭报价窗口。供应商报名后要通过阿里巴巴国际站人工审核达到要求后，才会发给买家，同时发送给供应商买家的联系方式。人工审核没通过的，供应商就无法知道买家的信息。在一段时间内供应商报价的人工审核通过率达到要求，就上升为报价直达，也就是不用审核了。RFQ 缩短了买方了解供应商的过程，节省了买卖双方交易磋商的时间和沟通成本，可以更快促成订单。

【即问即答】

1. 阿里巴巴国际站询盘和采购直达的区别？

图 5-4　阿里巴巴国际站"采购直达"

（二）具体操作流程

1. 卖方定制 RFQ

影响力较大的跨境电商 B2B 平台中，每天都会产生大量的采购需求，卖方在开始具体业务操作前，要在平台定制 RFQ，表明自己主要提供哪些产品，以便与有需求的买方进行匹配。在"采购直达"的"管理 RFQ"找到"我定制的搜索"，对定制搜索进行添加，主要是设置热度最高的核心关键词。

2. 买方发布采购需求

买方根据自身需求发布采购需求信息，需要经系统审核通过，发布内容主要包括产品关键词、类目、数量、规格以及支付方式等。

3. 卖方获取 RFQ

卖方主要有三种途径获取 RFQ：①公开频道，在这里供应商可以利用关键词进行搜索，查找与关键词相关的采购信息，通过对时间、类目、剩余席位等条件进行筛选，获得精准 RFQ；②定制搜索，供应商将关键词添加到"我定制的搜索"中，与该关键词相关的 RFQ 就能够通过邮件及旺旺通知的方式发送到关联邮箱或阿里旺旺国际版上；③系统推荐，这是阿里巴巴国际站根据供应商在平台上展示的主营产品、主营类目，以及报价行为等信息，为供应商匹配最新的、与其产品和地区相符的 RFQ。另外，还有线下的大买家采购会活动和多语言 RFQ 两种途径。

4. 卖方回复

卖方对收到的 RFQ 进行分析，筛掉质量不高或者自身无法供货的 RFQ 后，对剩下的产品匹配度高、采购需求明确的 RFQ 进行回复，即填写报价表单对买方进行报价。报价表单是平台提供的回复 RFQ 的固定格式。

5. 报价跟进

报价完后，卖方需要持续关注，对 RFQ 进行管理。这个过程一般是买卖双方具有交易意向后，开展进一步的磋商，索要和寄送样品等。在报价之后，原本隐藏的买家信息已经对该卖方开放，卖方可以通过邮件与买方进行磋商。

6. 达成交易

买卖双方经过磋商最终达成交易，进入跨境电商 B2B 模式的合同履行环节，可以将该部分工作外包给阿里巴巴"一达通"外贸综合服务平台来完成（教材第六章）。

阿里巴巴国际站的"采购直达"操作流程如图 5-5。

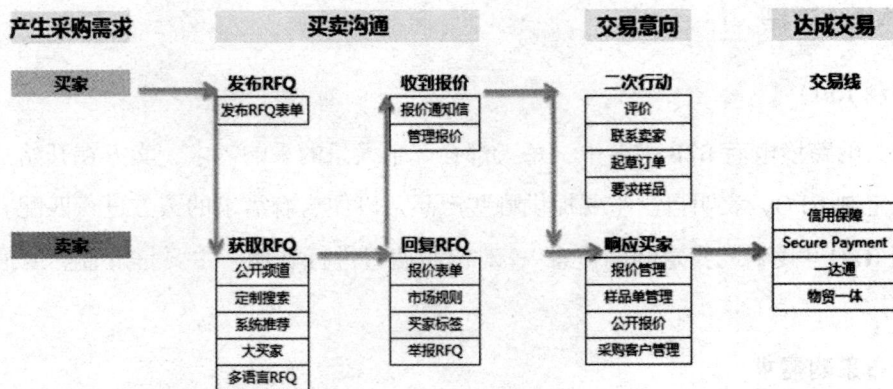

图 5-5　"采购直达"操作流程图

★ 图片来自阿里巴巴国际站服务中心。

（三）报价表单

报价表单相当于是一个卖方直接向买方提供的发盘（询盘不是磋商的必要环节），是决定交易是否达成的根本，必须认真填写。报价表单是有固定格式的：产品名称需与买家的 RFQ 名称匹配度较高，提炼精华，吸引买家；产品图片要清晰，可以是不同角度的图片、细节图、应用场景效果图、包装图、认证图等；产品细节要包含完整的产品描述说明、产品的卖点和优势，并对买方特别提出的问题予以答复，具体内容可包含参数、型号、产品特征、用途等；价格详情，根据买方提出的贸易术语和付款方式填写价格，必须写明价格的有效期，一个 RFQ 有十多家供应商提供回复，价格无疑是重要的竞争因素，但是过低的价格也可能被认为是低质量而被刷掉；样品信息，能提供样品是 RFQ 报价的一个优势所在，能提供样品的行业必须体现出来，说明样品费用、运费和寄样日期；"给买家的消息"是基于买家 RFQ 本身的提问，针对买家需求信息（如证明类文件）做细节补充，针对买家 RFQ 中不清楚或者不一致的信息进行提问，如在"付款方式"上意见不统一，以及 RFQ 以外的一些提问；上传附件，在平台规定的字段未能表达完全，可以选择上传附件，通常包括公司相关产品目录、买家关注的信息、公司实力展示等，最多上传 6 个附件，每个附件最大 5MB。

【技能提示】

阿里巴巴集团副总裁、管理执行委员会成员吴敏芝将"采购直达"形容为一种"新商业文明"。凡是加入"采购直达"的客户，将能享受到"综合贸易服务"，包括中国出口信用保险公司以及中国银行等第三方的担保、赊贷等服务。"采购直达"正在大数据背景下改变着中国传统的外贸思维，已经占到了阿里巴巴 B2B 业务量的 1/4。有人认为，"采购直达"业务代表了阿里巴巴 B2B 业务板块的未来，即通过平台化进行运作，吸引买家、卖家、报关、商检、保理、赊贷等相关业务各个环节在"采购直达"平台上进行"闭环式"的运行，从而将运行过程中的数据沉淀在阿里巴巴 B2B 的平台上。

三、在线洽谈

在跨境电商 B2B 模式下，外贸业务员除了用邮件往来进行磋商，还可以在买卖双方同时在线的情况下用一些即时通信软件进行在线洽谈。在线洽谈的优点在于互动性强，沟通及时，便于对复杂的问题进行磋商。在线洽谈系统可以将一些通信软件集成到平台中，实现通信软件和平台的无缝结合，为买卖双方提供磋商的平台，使用者无须安装任何软件，即可通过网页进行对话。阿里巴巴国际站的 Trade Manager 和中国制造网的 Trade Messenger 等平台自带的在线洽谈已在第二章有所介绍，我们在此了解下外贸行业中最为常用的专业即时通信软件 Skype。

许多跨境电商 B2B 业务员都习惯用 Skype 进行洽谈。Skype 作为一款即时通信软件，具备即时通信（Instant Messaging，IM）所需的视频聊天、多人语音会议、多人聊天、传送文件、文字聊天等各项功能，如图 5-6。2013 年 3 月，微软就在全球范围内关闭了即时通信软件 MSN，Skype 取而代之。Skype 拥有超过 6.63 亿的注册用户，最高同时在线超过 3000 万，近 40% 的 Skype 用户将其作为商业用途。Skype 的主要功能有：即时通信，用户可以随时随地拿起手中的手机或平板电脑以文字、图片、语音等方式进行业务洽谈；全球电话，外贸业务需要的国际电话费用较高，Skype 作为最受欢迎的网络电话之一，拨打国际长途最低 1 分 / 分钟，可以在电脑、手机和电视等多种终端上使用；免费群组视频通话，Skype 支持 10 人同时免费视频电话，使群组成员之间可以使用视频通话进行面对面的交流；增值功能，包括留言信箱、"SkypeIn" "SkypeOut" "Skype Connect" 和实时口语翻译等。

通话

保持联系。进行免费的 Skype 至 Skype 通话，或以低廉的费率拨打国内外手机和座机。

了解通话功能

视频

眼见为实。使用视频通话进行面对面交流或群组聊天。

了解视频功能

信息

掌上即时消息。使用即时消息、语音消息和发送短信，随时随地加入聊天。

了解收发消息功能

分享

共享您的精彩世界。发送照片、视频和文件，不限大小。眨眼间即可获得奶奶的秘方。

了解共享功能

图 5-6 外贸业务员常用的 Skype 具备多项功能

只用文字和图片往来进行洽谈，容易让客户产生不信任的感觉。因此，我们要积极使用 Skype 的通话或视频功能来联系客户。能够以电话或视频与客户沟通会让客户觉得你的工作是有激情的，你的公司是有激情的，而且你这个公司是规范的。一般的电话洽谈与面对面洽谈比较，在议题与内容上都少一些，但这并不能说明电话洽谈前的准备就不重要。我们需要在准备期就做好相关的准备，用最短的言语来提高对方洽谈的兴趣。电话洽谈前的准备包括：明确打电话的目标，为了达到目标所必须提问的问题；做好态度上的准备；设想客户可能会提到的问题和可能出现的状况并事先做好准备；准备好各种所需的资料，把想要表达的内容和设想先想好，然后用简练的语言写在一张纸上，将可能涉及的问题也一一罗列出来，随后把标准的答案附在后面，所有的回复要求既简单又全面，每一条问题最好只用两句话就可以说清道明。最好在打电话前就以上环节做一次完整的演练，最终要达到顺畅、简练的效果。准备工作做好之后，接下来要做的就是打电话给你的客户。找到了相关的负责人，我们就需要有一个电话开场白。开场白要包含以下几个关键因素：自我介绍，一定要在开场白中很热情地表示友善的问候和自我介绍；相关的人或物的说明，如果开门见山地直接进入话题，显得很唐突，也不利于建立起融洽的关系；介绍打电话的目的，要突出对客户的好处。总之，在开场白中要让客户真正感受到你对他的价值究竟在哪里。然后，我们进入电话洽谈的主题。主题洽谈过程中，要用简单的语句尽可能将所有问题都记在纸上或者全程录音，随后从这些问题中分析出对方最为关注的项目。不要过分的相信自己的记忆力，我们在与对方通话时处于一种思维高度集中的状态。也许电话里谈得十分出色，但放下电话时通常会遗忘一些话题，从而影响之后的信息分析。在一段主题结束后要询问对方是否清楚或者有何意见，在双方意见统一后再进入另一个环节。

【即问即答】

1. 你是善于书面表达还是口头表达？如何进行提高？

四、网络磋商的技巧

（一）价格磋商技巧

产品价格和质量是决定整个订单成交的核心，大部分的新客户在第一次联系的时候都有一个价格周旋的进程。在价格磋商中，我们不要轻易做出报价，既要保持良好心态，又要讲究报价的方法。

1. 价格磋商要有正确的观念和心理素质

价格磋商首先要树立正确的销售观，要使买方因为选择了我们的产品得到了更大的价值和利益，而不是以低价乞求对方买我们的产品。价格并非越低越好，价格过低可能会被买方认为产品质量有问题。因此，报价时要有自信，肯定自己产品的质量，然后才是价格。在报价时，有人会担心，万一我的报价太高把对方吓跑了怎么办？这就是没有自信心的表现，也是不够专业的表现。以下几种情况，我们可以尝试把利润加高：产品可替代性小，比如质量、认证、设计、专利、渠道等方面有自己的优势；买方的采购数量较小，导致运输和操作成本占比相对较高；买方要求的采购时限很近，对供货和操作能力要求高；买家的购买力较强，比如是行业内的大公司；买方身处小而偏的市场，比如东欧、中美、西非等。

把你自己想成买方，多揣测一下买方的心态，换位思考，会有意想不到的收获。例如，即使某个价格对我们来说是能接受的，也要表现得比较委屈和勉强。如果买方一还价，马上就松口，他们就知道肯定还有让价的空间，接下来的价格就会被越压越低；永远不要在客户面前显示出急躁的心态，卖方越着急，买方就越会砍价；有的时候，关于价格的磋商，未必要当天就给买方回复，可以等个一两天。

2. 从产品差异化应对电商价格透明化

跨境电商 B2B 模式与其他电子商务模式一样，市场价格变得越来越透明。我们要学会找出自己产品与其他产品之间的差别，以此来避免与同行之间的价格战。产品差异化存在于很多方面：创新、质量、售后服务、产品附加值、品牌等。由于存在产品差异化作为价格磋商的着力点，最初的报价不要太精确，即采用模糊报价法。买家的第一次询价，大多不会问得非常详细，所以千万不要要求自己一定要给对方一个准确的价格，而是将报价单拆分为若干区块，逐步地释放给买家。因为价格并非单独存在的，它受到订单数量、付款方式、贸易术语等各方面的影响，当然还有我们这里着重说明的产品差异。在磋商的开始阶段，由于相互了解不多，大多数买家还是首先在意价格的，还是能被一个低价位所吸引，因此初次报价不能偏高。采取模糊报价法，吸引买方后，经过磋商把握客户的真实需求，再从真实需求出发结合产品差异进行报价。如果买方来还价，说明交易意向很大，可以回复一个阶梯价格，即数量达到多少降价相应的百分比。

3. 根据不同的情况采取不同的报价方法

高价法适用于新产品，以新产品的特点来支撑较高的价格，再适当地在磋商时降低价格。如果买方是一个行业新进入者，迫切想通过一次交易来了解这个行业或者产品，也可以报一个较高的价格，但是应该在翻单中及时以成本或折扣等冠冕堂皇的理由把价格降到市场价格。低价法适用于普通产品，尤其是电子商务模式下没有明显差异的普通产品，先报较低价格吸引客户，再寻找理由提高到市场价格；或者是常年在国内采购的客户通，他们对产品价格非常熟悉，又比较在意价格，这样的客户只有用接近或者就是成本的价格来吸引他们的注意，然后在最后时刻以一些交货期、付款方式的种种理由，把价格提升到市场价格，双方经过长期磋商增进了了解，而且价格也是可以接受的市场价格，买方很可能会接受最终的报价。报价时的态度也经常会影响买家的印象和决定，也需要我们根据不同的情况来区别采用。假如对本次交易磋商的信心不足，估计报价仅能作为买方参考之用，那么报价目的应该主要放在维系关系以备后续合作上，在这种情况下的报价不可采用过硬、过于决断的语气和态度；假如对本次交易磋商没有完全的把握，但觉得还是有希望的，那么报价目的应是争取更多的实质谈判机会，在这种情况下的报价应采用明确的语气和认真、严肃的态度，但又通过补充性的语句传达出可以协商的态度，比如告知数量、付款方式或者质量的不同，都可能影响到最终价格；假如对行业、买方和市场都有足够的了解，对本次交易磋商有很强的信心，那么报价目的就是争取订单的临门一脚，在这种情况下的报价可以尝试较为强硬的态度，展示出足够的严密和精确，让买方感受到报价的专业度和行业经验，加强他做决定的信心，同时降低他砍价的意愿。

（二）关于寄送样品的磋商

卖方有时会主动向买方索要地址，寄送样品，让买方直观看到产品的质量以及工艺。如果是买方主动索要样品，也许离订单就不远了，要认真对待。首先，我们需要在磋商过程中发现是否应该寄送样品，然后面临样品寄送方式、费用和样品跟踪等问题。

挑选有订单意向的买家，合理寄样，不仅能促进订单的达成，也能避免贸易双方针对货物品质的贸易纠纷。样品寄送必然带来相应的成本，为了控制成本，在寄样之前应作初步判断，确定哪些样品值得寄：第一次询盘就直接索要样品和产品报价，或者一些以前根本没有联系过的公司突然以电话或传真的形式表示对你的产品感兴趣，希望能够提供样品供检测等，对于这样的客户，最好不要直接寄样品，可以先将产品图片发给对方看，并说明若对产品感兴趣，再谈寄样的事情；对于一些规模较大、在行业范围内较有名气的客户，客户明确表示将支付样品费以及运费，客户提出已查看公司发布在贸易平台的所有产品，而其中有与之需求相近的产品，并询问采购要求等情况时可以寄送样品；还有一些可寄可不寄的情况，需要酌情处理。如果样品价值不高，一般不收取样品费用；如果样品价值较高，可以与买方磋商收取样品费及运费，待日后下单达到一定金额时返还或直接在金额中扣除样品费用。样品寄送出去后，为避免石沉大海，需要进一步跟踪。待跟踪到买方已收到样品后，询问买方关于样品的反馈，以开始进一步的磋商。

【技能提示】

不同国家的客户具有不同的谈判磋商风格，我们应有所了解。美国人非常赞赏那些精于讨价还价，为获得经济利益而施展手法的人，对"一揽子"交易比较感兴趣；德国人对本国的产品非常有信心，经常用本国的产品作为衡量标准，思维富有系统性和逻辑性，陈述和报价都非常清楚；法国人喜欢用法语来进行磋商，惯用横向式谈判，先勾画一个大致的轮廓，再达成协议；英国人比较固执己见，非此即彼，对礼貌的要求比较高；俄国人总是期望在交易中以少换多，无论对方的报价如何低，总是不会接受第一次。

（三）最终促成订单的技巧

在磋商过程中，往往会遇到一些客户，尽管与他们的磋商过程很融洽，但就是迟迟不下订单。这种情况下，我们需要分析一下客户的情况，促使客户下订单。客户犹豫不决的情况可能有以下几种：

1. 对产品犹豫不决

客户对你的产品还没有一个很深的了解，态度暧昧，可买可不买。对这类客户要尽量把自己的产品说的浅显易懂，要把产品给客户带来的好处数量化，激起客户的购买欲。客户往往最关心你的产品会给他的公司带来什么样的实惠。

2. 对价格犹豫不决

客户对产品比较感兴趣，也需要这种产品，只是对价格还有不同意见。针对这种客户，最好是收集同类产品的价格情况，从自己的产品成本出发，算账给客户听，以取得对你产品价格的认可。有时，为了达成协议可在原报价的基础上有所下调。

3. 遇到资金周转困难

客户对产品很感兴趣，也想购买你的产品，但由于暂时的资金问题无法购买。对这类客户你应和他做好协调，共同制定出一个时间表，让他把购买你的产品费用做到预算里。当然这类客户不会直接说自己没钱，你要学会自己判断。有许多销售员不会跟进这类客户，想起跟进时，客户已经购买了别家的产品。如果你觉得客户靠得住，可以先给产品再约时间收钱。

4. 已购买了同类产品

有些客户可能根本就不想用你的产品或者已经购买了同类产品。这类客户不会由于你积极的跟进就会要你的产品或者和你合作。对这类客户是不是就放弃不跟了呢？实践证明，往往这类客户会出现大买家，但你跟的太紧反而引起反感。最好的做法是开展长远性跟进，和他真心实意地做朋友。周末发一个温情的短信，逢年过节寄一张祝福的明信片，生日时送一个小小的生日礼物。只要你坚持不懈，这类客户会给你带来惊喜的。

本章小结

询盘、采购直达、在线洽谈是跨境电商 B2B 模式的三种主要网络磋商方式。在回复询盘之前，要做好询盘的分析和充分的准备；与询盘由买方搜索到卖方产品发起磋商的模式刚好相反，采购直达是卖方看到买家的求购信息后，首先由卖方发起，与买方建立贸易关系的一种磋商方式；买卖双方同时在线的情况下，可以用 Skype 等一些即时通信软件进行在线洽谈。为了更好地达成交易，我们需要掌握一些网络磋商的技巧，尤其是价格磋商的技巧。

自我测试

单项选择

1. 阿里巴巴国际站中的询盘就是一个（　　　）。

A. 电话　　　　　　　B. 传真　　　　　　　C. 微博　　　　　　　D. E-mail

2. 对于新出现在阿里巴巴国际站上的询盘，要将其转化为（　　　）后才可以进行客户管理。

A. 报盘　　　　　　　B. 询盘　　　　　　　C. 意向　　　　　　　D. 客户

3. 阿里巴巴国际站中，当积累下的询盘数量非常大时，可以通过哪种方式准确获得需要的询盘？
（　　　）

A. 询盘分组管理　　　B. 询盘搜索工具　　　C. 询盘过滤功能　　　D. 询盘删除功能

4. 在阿里巴巴国际站上，已经是 my alibaba 库里的客户再次对某个产品进行询盘时，则可将该询盘转化为（　　　　）。

A. 新增意向　　　　　B. 新增客户　　　　　C. 处理询盘　　　　　D. 新增卖家

5. 对价格犹豫不决的客户，当你有 1000 元让步空间时，最好的策略是（　　　　）。

A. 一次性让步到 1000 元

B. 第一次让步 600 元，不成功就让步到 1000 元

C. 分四次，每次都让步幅度为 250 元

D. 分四次，每次让步幅度以 500 元、200 元、100 元、50 元递减

简答

1. 简述采购直达的操作流程。

2. 总结一下网络磋商中价格磋商的一些技巧。

【实训参考方案】

跨境电商 B2B 网络磋商的三种方式

· **实训目标**

提高学习者针对不同的询盘撰写回复邮件的能力；提高学习者根据采购直达中的买方采购需求填写报价表单的能力；熟悉 Trade Manager、Trade Messenger、Skype 等软件的各项在线洽谈功能；灵活运用网络磋商技巧的能力。

· **实训方式**

实训指导教师从跨境电商 B2B 平台中收集不同的真实询盘，要求学习者撰写有针对性的高质量邮件进行回复；从跨境电商 B2B 平台中的采购直达收集不同的买方采购需求，要求学习者正确填写报价表单；将学习者两两分组，在电脑中下载 Trade Manager、Trade Messenger、Skype 等软件，模拟在线洽谈，熟悉它们的各项功能；在上述实训过程中适当运用一些磋商技巧。

· **实训步骤**

1. 学习者针对指导教师发的询盘，撰写回复邮件；

2. 学习者针对指导教师发的买方采购需求，利用阿里巴巴国际站的报价表单为模板，填写报价表单；

3. 在电脑中下载 Trade Manager、Trade Messenger、Skype 等软件，学习者之间两两模拟在线洽谈，要求尝试文字图片、视频聊天、多人语音会议、多人聊天、传送文件等各项功能；

4. 在实训报告中总结一下自己回复邮件、模拟洽谈时运用的磋商技巧及当时的思路。

· **实训评价**

主要从以下几个方面评价学习者的实训成果：

1. 回复询盘的邮件是否完整、简洁、有效；

2. 填写报价表单的完整性、准确性、合理性；

3. Trade Manager、Trade Messenger、Skype 等软件在线洽谈功能的熟悉程度；

4. 在上述磋商过程中是否有意识地运用了一些磋商技巧及其合理性。

第六章

跨境电商外贸综合服务平台

【学习目标】

本章旨在让学习者了解外贸综合服务平台的概念和作用；了解外贸综合服务平台与跨境电商 B2B 融合后，在合同履行中承担的通关、外汇、退税等方面的业务；以阿里巴巴国际站"一达通"为例，熟悉外贸综合服务平台的出口综合业务、出口代理业务和增值服务，掌握外贸综合服务平台在跨境电商 B2B 业务中的操作流程。

【知识要点】

1. 外贸综合服务平台的概念和作用；
2. 跨境电商 B2B 与外贸综合服务平台的融合；
3. 外贸综合服务平台的出口综合服务、出口代理服务以及两者的区别；
4. 外贸综合服务平台的增值服务。

【核心概念】

1. 外贸综合服务平台
2. 出口综合服务
3. 超级信用证

【情境导入】

虚心好学、积极努力的小张很快就在阿里巴巴国际站接到了第一笔订单。接下来的问题是如何办理运输和收汇呢？小张有点犯难了：如果是传统贸易模式，接到订单就找外贸公司或货代；如果是跨境电商 B2C 模式就发航空小包等国际快递。跨境电商 B2B 模式下该怎么办理呢？金经理告诉小张："你去了解一下'外贸综合服务企业'和'外贸综合服务平台'。例如，'一达通'的出口综合服务和出口代理服务以及一些增值服务。这一类外贸综合服务平台已经被跨境电商 B2B 平台融合在一起，成为'跨境电商综合服务平台'。我们就把你取得的这笔订单'外包'给'一达通'来办理运输和收汇吧。从中你也好好熟悉一下跨境电商综合服务平台的业务模式和操作流程。跨境电商综合服务平台为我们开展跨境电商 B2B 业务提供了很多的便利，基本解决了订单取得后的全部履约操作环节，相信你会喜欢上它的。"

【引导案例】

2010 年 11 月，阿里巴巴宣布并购 B2B 外贸出口服务商"一达通"（www.ydt35.com），以"一达通"2011 年利润的 20 倍进行估值，收购"一达通"65% 的股权，实现了对其控股。并将其小企业出口配套服务整合进"2011 版出口通"，构成阿里巴巴"Work at Alibaba"外贸平台。

"一达通"核心产品及服务主要包括 B2B 信息展示服务、进出口代理服务、外贸融资服务。除了 B2B 信息展示服务与阿里巴巴现有业务平台有一定重合外，双方的业务重合度并不高。传统进出口代理服务公司一般靠三个环节赚取利润：代理收费、规模返点费用、延伸服务收费。传统进出口服务公司一般只在第一个环节上盈利，而"一达通"已将盈利重点放在第二三环节。通过并购"一达通"，阿里巴巴将达到以下三方面效果：首先，有助于阿里巴巴打通其小额外贸业务的产业链，达成在线通关服务和阿里巴巴卖家资源的对接；其次，通过"一达通"可掌握中小企业的第一手真实外贸数据，有助于阿里的信用体系建设和金融内控；最后，并购"一达通"标志着阿里巴巴将进一步切入中小企业的线下运营，有助于提升用户粘性。电子商务服务商意识到原有的供应信息已不足以满足现代电子商务发展需求，需要进一步拓展物流和资金流等方面来拓广服务范围，增强用户粘性。从另一层面来说，"一达通"更多是把传统的进出口服务流程改造成一个 IT 系统植入阿里巴巴的跨境电子商务平台中，它的实质仍是线下的服务。

请思考：

（1）"一达通"主要为中小企业提供哪些外贸服务？其与传统外贸代理服务区别是什么？

（2）"一达通"给阿里巴巴国际站带来了什么样的变化？

一、什么是外贸综合服务平台

（一）外贸综合服务平台的概念

理解"外贸综合服务"，需要从"外贸代理服务"说起。我们比较熟悉的报关行、货代、保险公司和银行等都在为外贸企业提供着相应的外贸代理服务：报关行为外贸企业制作报关单据和报关，货代为外贸企业办理订舱和运输，保险公司为外贸企业分担风险，银行则为外贸企业的收付款提供帮助。这些代理服务单位各自帮助企业完成进出口的某一个环节，最终完成整笔外贸业务。而"外贸综合服务"就是把这些各方面的"外贸代理服务"整合起来，以一个平台的力量发挥更大的价值，尤其是对于小微外贸企业而言。

2013年，为了提振外贸，国务院常务会议制定了促外贸"国六条"，其中第四条首次正式提出"外贸综合服务企业"这一概念，"外贸综合服务平台"被写入政府工作报告。"外贸综合服务平台"是指依据一般贸易进出口专业服务能力，基于互联网/IT技术，把复杂的进出口流程标准化，把分散的进出口服务资源集约化，形成以服务为核心的全球供应链服务体系。这里的"服务"包括融资、通关、物流、保险和退税等外贸必需环节和一些增值类服务。除了很好地运用了互联网技术和提供融资服务外，从本质上讲，外贸综合服务企业与传统外贸代理公司的区别在于能否代为办理出口退税服务。按我国出口退税相关政策的规定："委托外贸企业代理出口的货物，一律在委托方退（免）税。"也就是说，外贸代理公司代理生产企业出口产品，由生产企业（委托方）申报出口退税。这对于许多生产企业，特别是小微企业来说，是一项很难开展的新工作，需要配备专门的退税岗位和人员，可能因此增加的成本反而多于退税的收益，从而放弃退税并减少了产品的出口。外贸综合服务企业的"综合"，就是体现在退税方面。

目前，各省市出台了加快培育外贸综合服务企业的相关政策，较为知名的外贸综合服务企业有深圳"一达通"、宁波"世贸通"等。国家出台的主要相关政策有促外贸"国六条"、支持外贸稳定增长的"国十六条"、国家税务总局"13号公告"和"61号公告"以及各省市出台的外贸综合服务企业认定和管理办法。

（二）外贸综合服务平台的作用

1.通过集约化订单降低外贸流通环节成本

小微企业面对运输、通关、融资、保险等服务，由于货物的数量和金额不大，难以获得优惠的服务价格。如果小微企业把这些环节都外包给外贸综合服务平台来做，这些服务就会被"标准化"，即用哪家银行、哪家船运公司、什么监管条件、多少费用、需要多长时间完成等都会被录入平台系统。如果有多家小微企业将多个相同进口国的订单都外包给了同一家外贸综合服务平台，那么就可以通过集约化的规模获得更好的服务和议价能力，而外贸综合服务平台也能从这个差价中获利，相当于"批发价"和"零售价"的差别。外贸综合服务平台由此让小微企业享受到了"大服务"，改变了小微外贸企业由于规模小而无法获得优惠、优质流通服务待遇的问题。

2.通过降低外贸门槛促进外贸发展

当前，我国过半小微外贸企业使用外贸代理服务，最主要的原因在于企业缺乏专门的外贸操作人员或者是为了减少人力投入而不设置外贸操作岗位。外贸代理公司主要为小微企业提供了通关和结汇两方面的服务，而退税成为小微企业开展外贸的一个主要门槛。虽然小微企业出口退税的单次金额不多，但退税流程和所需单据一样都不能少，也同样需要安排岗位和人员来做退税的工作，其退税的收益相对于人力和时间等成本来说，也许并不合算。缺少了退税收入，外贸竞争力下降，出口就会下降。外贸综合服务平台利用互联网技术为小微企业提供标准化的、透明的、便捷的，包含了通关、运输、结汇、保险和退税的全套外贸服务，小微企业只需将订单外包给综合服务平台，即可在线完成交付，真正实现"不懂进出口，也能做外贸"，大幅降低外贸门槛，扩大贸易范围，促进外贸发展。

3. 通过融资服务促成订单

进出口贸易与内销贸易相比，付款时间是比较难以达成的交易条件，付款时间长短不仅涉及资金周转的问题，还涉及进口商信用风险和汇率随时间变动的风险。例如，进口商希望以"赊销"的付款条件来达成交易，而出口商又担心资金周转和坏账等问题，最终双方难以达成交易。在这种情况下，外贸综合服务平台可以为该笔业务提供类似于"国际保理"的业务，利用平台数据资源和上述建立起来的信用体系，为出口商提供进口方资信调查，代买保险和贸易融资等一揽子金融服务，降低出口商赊销合同的风险和资金压力，促成原本难以达成的赊销合同。外贸综合服务平台较好地解决了小微外贸企业存在的融资难问题。

4. 通过其他增值服务提开外贸竞争力

在相关政策支持下，外贸综合服务平台快速发展，其业务范围已经不仅仅限制在进出口流通环节的服务上。外贸综合服务平台将服务从出口代理基本服务向供应链周边延伸出各种增值服务，从管理能力、沟通能力、创新能力、多渠道合作等诸多方面帮助小微外贸企业提升综合竞争力。比如，在商机获得阶段，外贸综合服务平台可以为企业提供数据服务、行业和产品资讯，帮助企业拓宽思路，找到更多可持续发展的方向；在达成交易环节，可以帮助企业对买家进行资信调查、代理谈判，有效地增加交易达成的概率和降低企业风险；甚至还可以提供人力资源、企业宣传和项目申报等服务。

5. 通过大数据沉淀建立外贸信用体系

充分运用互联网技术支撑的外贸综合服务平台，其一大优势就是大数据的积累和沉淀。外贸综合服务平台是互联网时代产生的商业模式创新，它改变了传统的外贸交付模式。越来越多的外贸企业使用综合服务平台，一笔笔业务积累沉淀出我国外贸企业的商机流、信息流、物流和资金流数据，结合交易双方在线互评，从数据衍生出信用分析，建立起跨境电商 B2B 的外贸信用体系。使用外贸综合平台的外贸企业做的每一笔交易都有迹可循，交易对象是谁、金额多少、对方评价如何都能通过数据展示出来，成为小微企业实力和信用的有力证明。进出口双方可以根据信用体系判断对方的实力和信用程度，减少相互了解的时间和成本。

6. 通过监管流程扁平化提高相关政府部门的监管效率

外贸综合服务平台集成了成千上万家小微外贸企业的出口，使相关政府部门的监管对象大大减少，通过监管流程的扁平化提高了监管的效率。同时，相对于许许多多水平参差不齐的小微外贸企业来说，面对数量有限的更为专业的外贸综合服务平台，外贸政策的传导也更为有效。各省市政府出台的培育外贸综合服务企业的扶持政策给予了更为便利的监管措施，例如《浙江省重点培育外贸综合服务企业认定和管理办法》对经认定的重点培育外贸综合服务企业，优化退税服务，提供海关通关和检验检疫的便利措施，并充分给予其收结汇的便利。面向外贸综合服务企业的符合条件的监管便利措施进一步提高了政府部门的监管效率。

（三）跨境电商综合服务平台

跨境电商 B2B 的兴起，使外贸主体向"小、杂、散"方向急剧变化，越来越多的企业和个人参与到外贸行业中，贸易频率也急速增加，一些问题应运而生；一方面导致通关监管压力剧增；另一方面，"小、杂、散"的外贸主体面临通关的成本和人力等问题。外贸综合服务平台与跨境电商 B2B 的融合很好地解决了上述问题。外贸综合服务平台从迅速发展的跨境电商 B2B 模式中得到源源不断的业务；而跨境电商 B2B 的出口商得以专注于订单的获取，更便捷、低成本地将物流、通关等业务外包给外贸综合服务平台。在跨境电商 B2B 平台中植入外贸综合服务，促进了平台从信息撮合模式向在线交易模式的转变。例如，阿里巴巴国际站融合了"一达通"；中国制造网融合了焦点进出口服务有限公司。我们可以把融入跨境电商 B2B 平台并为之服务的外贸综合服务平台称之为"跨境电商外贸综合服务平台"。

二、跨境电商外贸综合服务平台的业务

"一达通"是我国外贸服务创新模式的代表，也是全国服务企业最多、地域最广的外贸综合服务平台。"一达通"被阿里巴巴收购后，又迅速成为与跨境电商 B2B 融合最为紧密的平台。如图 6-1，我们以阿里巴巴"一达通"为例，来学习一下外贸综合服务平台的业务。"一达通"的服务包括基础服务和增值服务：基础服务又包括出口综合服务和出口代理服务；增值服务包括物流仓储和各类金融服务。

图 6-1 跨境电商外贸综合服务平台（"一达通"）的业务

（一）出口综合服务

除了注册地在境外、香港地区或台湾地区的企业以及出口综合服务尚未覆盖地区的企业，皆可

与"一达通"签约合作出口综合服务服务。企业出口的产品应在"一达通"可以出口的产品范围内。再者，开票人资质应符合以下要求：签约深圳"一达通"客户需满足开票工厂一般纳税人认定时间满两年；签约福建"一达通"客户需满足福建本地开票工厂一般纳税人认定时间满一年，但累计下单金额不得超过170万美金，非本省开票工厂满两年；签约浙江"一达通"客户需满足浙江本地开票工厂一般纳税人认定时间满半年，非本省开票工厂满两年；签约山东"一达通"客户需满足山东本地开票工厂一般纳税人认定时间满半年，非本省开票工厂满两年；签约"一达通"其他子公司客户需满足开票工厂一般纳税人认定时间满两年。上述这些准入条件，很多是为了满足出口综合服务中"代理退税"的功能。

出口综合服务包括通关、结汇和退税。也就是说，传统外贸公司涉及的所有服务，"一达通"都能提供。与传统外贸公司不同的是，传统外贸公司一般都要收一定比例的佣金，而"一达通"的这些基础服务是除退税外都免费提供的，并且还给予一定的补贴。出口综合服务免收通关、外汇服务费；自助下单1美元补贴3分人民币，人工下单1美元补贴2分人民币。出口环节发生的费用按照实际操作过程中发生的费用来收取。在退税环节则是要收取服务费的，"一达通"在收取退税款金额的4%作为服务费后，即将退税款先行垫付给出口工厂。如果出口工厂自己办理退税，需要较长的时间办理完手续后才能拿到这笔退税款。以"一达通"名义办理退税，并先行垫付退税款，在单、证齐全情况下，供应商可以在3个工作日即拿到退税款。以"一达通"名义代为退税，退税计算方法应是外贸企业的"免、退税"，而不是出口代理服务时由工厂自行办理退税的"免抵退"或"先征后退"。退税额计算为离岸价除以增值税率再乘以退税率。例如：

某笔出口订单含税离岸价（FOB）金额是30000元（折合成人民币），订单产品的增值税为17%，退税率是15%，则退税额为（30000/1.17）×15%=3846.15元。"一达通"收取4%的服务费，即（30000/1.17）×15%×4%=153.85元，将其余的退税款先行垫付给供应商。

【技能提示】

当前，我国一般纳税人在出口货物时，常见的出口退税方式有如下三种。

第一种，"免、退税"：适用于外贸流通企业收购生产企业货物后再出口，对出口环节增值税免税，进项税额按规定退税率退税。退税额＝不含增值税的收购金额×退税率。

第二种，"免抵退税"：适用于有进出口经营权的生产企业将自己生产的货物自营出口或委托给外贸流通企业出口，"免"是指免征出口销售环节的增值税，"抵"是指本应退还的进项税额用来抵减该企业当期内销货物的应纳税款；"退"是指前述未抵减完的应退进项税额，退还给企业。当前，国家以出口货物的离岸价（FOB）乘以退税率来衡量和计算应退的进项税额。

第三种，"先征后退"：适用于没有进出口经营权的生产企业将自己生产的货物委托给外贸流通企业出口，在出口销售环节先照常征收增值税，然后在手续齐全后按照一定的比例退还这部分的销项税。当期应纳税额＝当期内销货物的销项税金＋当期出口货物离岸价×人民币汇率×增值税率－当期全部进项税额。当期应退税额＝当期出口货物离岸价×人民币汇率×退税率。

（二）出口代理服务

出口代理服务包括通关和结汇，不包括退税。因此，准入条件也相对宽松。除了注册地在境外或福建莆田地区的企业，皆可与"一达通"签约合作；须具有《出口退（免）税资格认定》，企业在出口后可自行办理退免税申报；出口产品非"一达通"出口代理服务禁止操作的产品。出口代理服务也免收通关、外汇服务费；自助下单1美元补贴1分人民币，人工下单则无补贴；出口环节（通关、物流）费用按照实际操作过程中发生的费用收取。货物报关出口后，"一达通"开具《代理出口货物证明》，客户即可自行在当地办理退（免）税申报。如表6-1，我们比较一下"一达通"出口综合服务和出口代理服务的区别：

表6-1　"一达通"出口综合服务与出口代理服务的比较

	出口综合服务	出口代理服务
基础服务	通关、外汇、退税	通关、外汇
准入条件	出口产品非"一达通"出口综合服务禁止操作产品；出口产品开票人须为生产型一般纳税人企业且满足各省份的具体要求	出口产品非"一达通"出口代理服务禁止操作产品；企业须具有《出口退（免）税资格认定》
退税操作	"一达通"代为退税。满足条件情况下，在3个工作日内，"一达通"扣除4%服务费后，先行垫付退税金额给实际开票方	"一达通"开具《代理出口货物证明》，客户自行办理退税
服务补贴	自助下单：出口1美元补贴3分人民币 人工下单：出口1美元补贴2分人民币	自助下单：出口1美元补贴1分人民币 人工下单：无补贴

【即问即答】

1. "一达通"出口综合服务与出口代理服务在哪一块业务上存在区别？

（三）增值服务

"供应链金融"是当今外贸企业融资的新方向，也是外贸综合服务平台着力发展的业务。外贸综合服务平台通过打通外贸链条中的商机流、物流和资金流，掌握企业的贸易流程和应收账款，建立企业的信用评估体系，降低融资风险，并通过规模化运作提升效率，为银行和贷款企业承载融资功能，提供贸易融资服务，如图6-2。"一达通"的金融服务有流水贷、信融保、赊销保和锁汇保等。

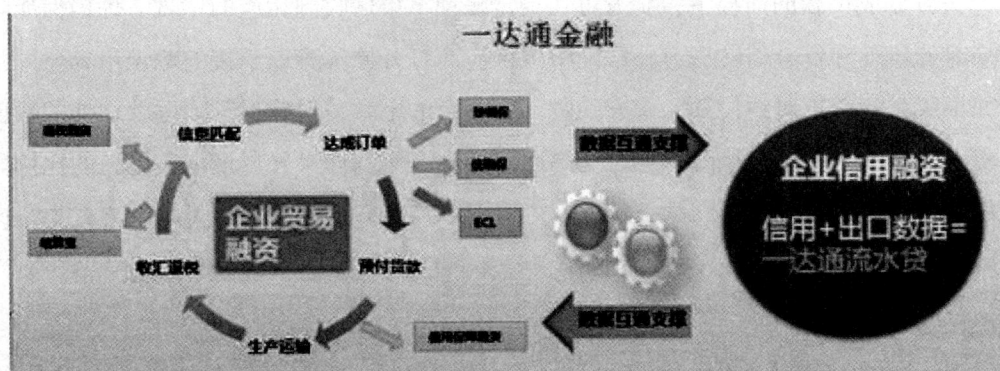

图6-2　"一达通"金融服务

1. 流水贷

"一达通"流水贷是面向"一达通"出口基础服务的客户，以出口额度积累授信额度的无抵押、免担保、纯信用贷款服务，该服务由阿里巴巴联合中国工商银行、中国建设银行、中国银行、招商银行、平安银行等多家银行共同推出。当前，各大银行都推出了基于客户信用、无抵押的贷款业务。流水贷相当于是将上述合作银行的信用贷款业务整合到一个平台上，以"一达通"外贸综合服务平台客户的出口数据作为授信依据，简化了传统线下的复杂授信调查。流水贷的最高融资额度为1000万人民币，贷款人可以是企业，也可以是企业实际控制人（法人或最大股东）。授信额度不等于最后放款的额度，最终放款额度的依据是客户在"一达通"平台的出口数据。因此，流水贷以客户在"一达通"平台的真实贸易为背景，以客户外汇结算为还款来源，以持续贸易为贷后监控重要依据，从而有效降低信用融资的风险，为客户提供低于市场同类产品的融资利率。

2. 信融保

信融保是阿里巴巴"一达通"针对出口企业在信用证交易中面临的主要问题推出的综合金融服务。服务涵盖信用证基础业务、信用证融资买断、信用证融资不买断三大服务模块，任何涉及信用证交易的客户均适用。信用证基础服务提供专业免费的审证审单、专业制单、交单收汇服务；信用证融资买断服务在单、证相符条件下，最高支付100%的信用证款项给出口商，买断收汇风险，即由阿里巴巴承担收汇风险，使出口商快速回笼资金，累积买断额度最高可达1000万，涵盖即期和远期信用证；信用证融资不买断服务是在出口商出货交单后，"一达通"提前向客户支付部分信用证款项，但最终收汇风险仍由出口商承担。两种融资服务均须收到以"一达通"为第一受益人的信用证正本，信用证条款通过"一达通"审核。信用证融资买断服务的条件比不买断更为严格，要求"单、证相符"外，对开证行的信用等级要求也更高。

3. 赊销保

赊销保是供应商与海外买家进行外贸赊销业务合作时，"一达通"通过对其提供的海外买家资信调查，代买保险和贸易融资等一揽子金融服务。卖方选择合作买方并提交该买方的信息，支付800元调查费后，中国出口信用保险公司对此买家进行信用调查并审批信用额度，并签署三方协议。卖方备货并按约定时间发货，提交全套单据后3个工作日内即可获得约定的融资款，最高为货款的80%。在买方完成付款的前提下，卖方可在约定账期结束后收到相应的尾款。赊销保能降低卖方做赊销贸易时的风险和资金周转压力，帮助中国供应商打开原本难以承接的赊销市场。风险仍然是存在的，如果买方最终不履约付款，卖方就收不到剩余的尾款，但确保了除尾款之外的额度范围内的货款。卖方为了尽可能规避风险，可以提高出口报价，用利润率去尽量覆盖尾款的比例。买方获得了赊销的便利，通常会接受更高的报价。卖方也可以将尾款的部分用预付款的方式先行向买方收取，减少尾款金额。

4. 锁汇保

锁汇保是指与银行签订锁汇协议，约定将来办理结汇或售汇的外汇币种、金额、汇率及交割日期，到约定交割日当天根据协议约定的汇率向银行办理结汇或售汇。换言之，就是锁定汇价在前、实际交割在后的结售汇业务。使用阿里巴巴"一达通"通关、外汇及退税服务的客户才能购买锁汇保。客户与"一达通"签订《远期结售汇委托协议》，在货物出口后向外汇专员申请锁定汇率，生成合约并根据币种、金额、交割汇率及到期日等情况缴纳一定比例的保证金。在买方付款前提下，锁定合约到期时卖方即可按锁定的汇率结汇，释放保证金。随着人民币升值速度的加快，汇率因素对外贸中小企业出口盈利水平影响越发明显，尽管外贸出口量和出口额有所增长，可是外贸盈利能力却在下降。如何抵御汇率风险，成为外贸行业的新难题。锁汇保帮助供应商提前锁定了汇率，也就提前锁定了出口利润，避免了汇率波动给利润带来的风险。

"一达通"金融增值服务的适用情形和价值点总结如表6-2。

表6-2　"一达通"金融增值服务的适用情形和价值点总结

金融服务	适用情形	价值点
流水贷	纯信用贷款	以出口数据为授信依据、简化传统线下复杂授信调查的无抵押贷款
信融保	以信用证为结算方式的贸易	买断融资服务由阿里巴巴承担收汇风险，使出口商快速回笼资金；不买断融资服务只能分担企业资金压力
赊销保	赊销贸易	降低卖方做赊销贸易时的风险和资金周转压力，帮助中国供应商打开原本难以承接的赊销市场
锁汇保	远期付款贸易	帮助供应商提前锁定了汇率，也就提前锁定了出口利润，避免了汇率波动给利润带来的风险

增值服务的另一块是物流服务，如图6-3。"一达通"的物流业务包括海运、空运、快递和陆运。供应商可以根据需要选择物流方案，创建物流订单。海运服务联合各大物流服务商，为供应商提供海运整柜和拼箱服务；国际空运提供在线查询空运运费、在线比价、在线下单等服务；国际快递服务与Fedex、DHL、UPS、TNT等国际知名快递品牌公司合作，在客户完成线上下单支付后，提供上门取件服务。

图6-3　"一达通"物流服务

三、跨境电商综合服务平台的操作流程

某服装定制企业的小张在跨境电商 B2B 平台（阿里巴巴国际站）接到一笔出口订单。为顺利地完成出口各环节，同时累积企业在阿里巴巴国际站中注册账号的信誉值，提升产品的排名，该企业在平台上将订单下给"一达通"来操作，如图 6-4。

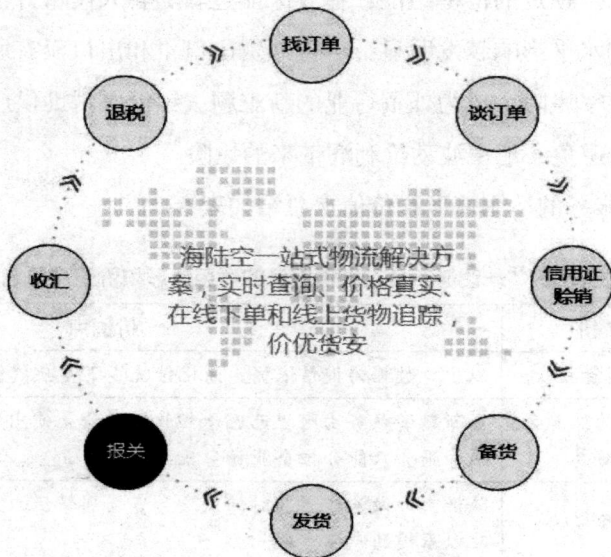

图 6-4 跨境电商综合服务平台（"一达通"）基本操作流程

（一）开通"一达通"业务

为了应用"一达通"平台的服务，小张先去"一达通"操作平台报名开通业务（http://onetouch.alibaba.com），如图 6-5。

报名基础服务

* 联系人邮箱:	xxxxxxxx@xx.com
* 企业名称:	123
* 企业所在地:	请输入您公司营业执照上的联系地址
* 区/县、镇:	123
* 联系人:	123
* 手机:	15800000000
* 固定电话:	000 12345678

☐ 我已确认《一达通外贸代理出口协议书》

立即报名

图 6-5 开通"一达通"业务

完成网上报名申请后，客户经理在2个工作日内与小张联系，并与小张详细介绍了阿里巴巴"一达通"相关服务；确认小张的合作意愿后，与小张签署了《外贸代理出口协议书》。

（二）产品和开票人预审

"产品预审"和"开票人预审"是阿里巴巴"一达通"为了确保外贸进出口服务操作的合法、合规而设定的服务使用准入检测流程，主要审核监管条件和退税政策，确保货物顺畅出口，保障退税安全及时到达。为此，小张将企业要出口的产品信息（品名、英文品名、品牌、型号及产品图片）提交给"一达通"后台进行审核，如图6-6。产品预审后，小张又将开票人公司的基本信息（纳税人识别号、营业执照注册号、开票人公司名称、一般纳税人认定时间、开票人地址、境内货源地、增值税率、出口权）和税务登记证副本照片提交给"一达通"后台进行开票人预审，如图6-7。审核通过后，阿里巴巴"一达通"为小张分配了专职的服务顾问，确定了合作关系。

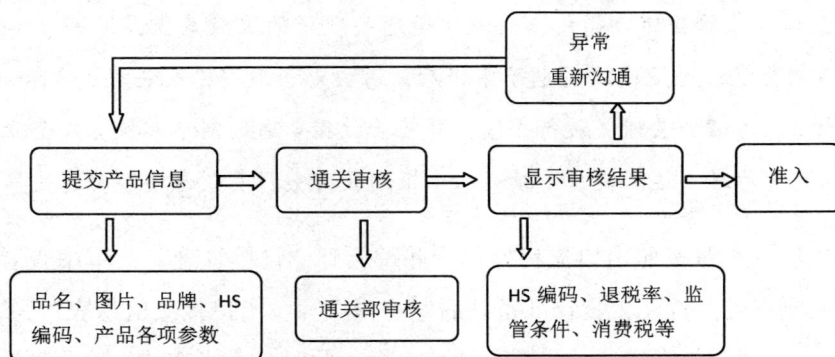

图6-6 "一达通"产品预审流程图

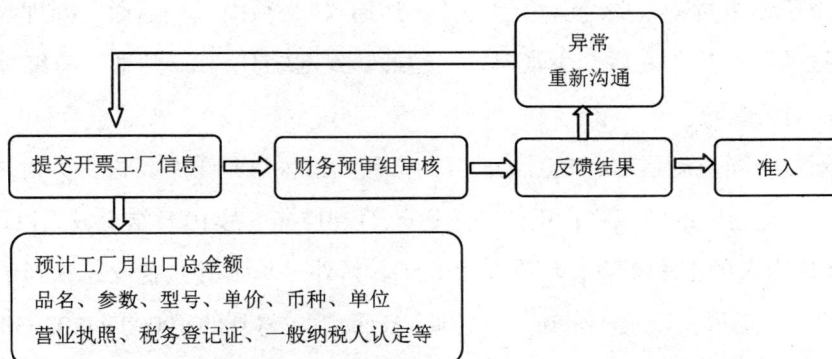

图6-7 "一达通"开票人预审流程图

（三）基础服务操作

考虑到如果企业自己办理退税，财务人员就要经常跑国税局，过程烦琐，于是小张所在的企业选择了包含退税的出口综合服务，通关、外汇、退税都交由"一达通"处理。小张在"一达通"平台上自助下单，可以得到更多的补贴，在"服务类型"栏选择"出口服务（通关/外汇/退税）"，退税方式选择由"一达通"负责退税并选择"垫付退税服务"。下一步选择收汇方式、报关口岸、报关方式和本单联系人。报关口岸可以直接输入港口城市或港口，也可以直接输入港口的代码。报关方式可以选"一达通"负责报关或客户自行报关。确认收汇方式与报关方式后，输入产品及开票人信息，填写报关信息。最后，确认信息无误。如果小张选择了自行报关，则需要选择无纸化报关（"一达通"提供报关资料下载）还是有纸化报关（"一达通"寄出正本报关资料给货代），其他操作相同。

【技能提示】

　　无纸化通关是利用中国电口岸及现代海关业务系信息化系统功能，改变海关验核进出口企业递交书面报关单及随附单证办理通关手续的做法，直接对企业联网申报的进出口货物报关单电子数据进行无纸审核、验放处理的通关模式。以往企业报关前须到检验检疫部门业务现场申领纸质通关单后才能向海关报关。实现通关单无纸化以后，申领纸质通关单这一环节就节省了，法检商品的进出口通关作业环节简化，企业往返通关现场的次数减少，通关效率进一步提高，企业通关成本随之降低。企业向海关电子申报后，海关电子通关系统将报关单和通关单的电子数据进行自动比对，办理相关通关放行手续，并将验放指令通过网络回执告知企业港务和机场，企业收到回执后即可办理出运和提货手续。从申报到放行全程无须递交纸面通关单。

　　自助下单完成后，小张按照出口流程操作，并每天到"订单管理"菜单中查看自己订单的状态，跟踪订单的完成进度。首先，货物准备好后，小张填写"出口报关信息表"，签署"出口服务订单确认函"，由"一达通"安排通关，顺利通关放行。此时，小张在"订单管理"查看该订单处于"报关办理完毕"状态。报关完成，货物已运送给进口商，小张开通了在"一达通"的外汇子账号，等待收汇。由于该笔货物报关经营单位为"一达通"，必须由"一达通"办理收汇核销，外汇款也打到了"一达通"账户。之后，小张向"一达通"发起结算，"一达通"将结算款项按当天汇率汇到小张企业的对公账户。

　　小张签到的外贸合同金额是 10000 美元，合同产品的退税率是 15%。进口方付款 10000 美元到小张所在企业在"一达通"的虚拟账户里，"一达通"于 2017 年 5 月 10 日结汇成人民币 65000 元（汇率就按照 5 月 10 日当天的汇率来算，汇率是 1:6.5）。另外，小张所在企业还拿到了"一达通"扣除 4% 服务费后的出口退税，以及小张在"一达通"自助下单得到的 10000×0.03=300 元补贴。

（四）增值服务操作

　　小张接到的订单，买方要求使用信用证结算方式，但小张所在企业规模较小，缺乏信用证操作的专业人才，是否因此放弃订单呢？小张决定尝试一下"一达通"的"信融保"（超级信用证）增值服务，如图 6-8。在信用证基础服务中比较"信用证非代理交单"和"信用证代理交单"两种服务后，小张选择了前者。信用证非代理交单是面向满足"一达通"平台操作条件的客户，收到受益人为"一达通"的信用证且信用证约定货物在"一达通"平台报关出口前提下，提供一站式信用证专业代操作服务，包括专业审证（包括草稿审核）、专业制单审单、交单收汇等服务。这类服务对出口商的要求较低。

> 【技能提示】
>
> 　　信用证是开证行对受益人的书面付款承诺，只要受益人做到"单证一致、单单一致"，开证行就必须按照信用证的条款付款。因此，信用证属于银行信用，比托收和汇付等商业信用要更加可靠。但是，银行信用本身也有高有低，开证行的资信到底如何非常重要。开证行的信誉是信用证对受益人来说是否安全的最根本因素。
>
> 　　银行的信誉如何，首先和银行的资金规模有一定的关系。一般情况下，资金规模越大的银行越不屑于在正常的小金额的进出口贸易结算中实施违规行为。因此，按照一般规律，如果选择全球排名在500名以内的银行作为开证行，对受益人来说是比较安全的。

　　在约定"一达通"为信用证受益人后，小张联系买方向开证行索取信用证草稿。收到信用证草稿后，在自助操作平台将草稿上传。"一达通"信用证组收到系统提交的信用证草稿，1个工作日内给出审核意见，审核意见包括开证行资信和条款提示，若有需要则与买家沟通调整或更改。草稿审核完成后，小张联系开证行，在自助操作平台登记信用证号码和金额，等待正本匹配。正本匹配成功后2个工作日，信用证组发出正本操作提示。小张所在企业按信用证内容生产备货完毕，在平台下基础委托单，选择信用证收汇，关联信用证号码。之后进行全套单据的制作及确认，向银行交单结汇。

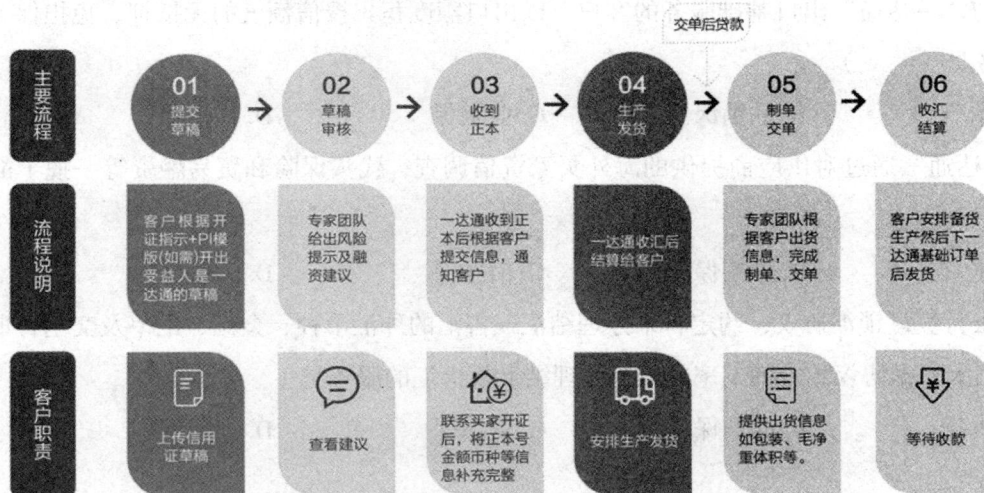

图6-8　"一达通"超级信用证操作流程图

★图片来自阿里巴巴国际站服务中心。

　　由于生产备货的成本投入，小张企业在出货后出现了资金紧张问题。小张在出货后，即向"一达通"申请了融资服务。虽然信用证是银行信用，但国际收支也会受到政治法规、国家政策、制裁风险的影响，同时银行信用本身也有高低。为了稳妥起见，小张所在企业选择了"信用证买断"融资申请。在"一达通"自助操作平台"金融服务"选择信用证号码和交单批次号，系统自动给出可融资类型及融资比例，提交后当天就得到了融资款。

本章小结

在跨境电商 B2B 平台中植入外贸综合服务，促进了平台从信息撮合模式向在线交易模式的转变。"一达通"的服务包括基础服务和增值服务：基础服务又包括出口综合服务和出口代理服务；增值服务包括物流仓储和各类金融服务。以某服装定制企业的小张在跨境电商 B2B 平台（阿里巴巴国际站）接到一笔出口订单为例，说明外贸综合服务平台（"一达通"）的操作步骤。

自我测试

单项选择

1. 2013 年，为了提振外贸，国务院常务会议制定了促外贸"国六条"，其中（　　）首次正式提出"外贸综合服务企业"这一概念。

A. 第三条　　　　　　B. 第四条　　　　　　C. 第五条　　　　　　D. 第六条

2. "一达通"出口综合服务与出口代理服务的区别在于（　　）业务。

A. 通关　　　　　　B. 物流　　　　　　C. 结汇　　　　　　D. 退税

3. 面向"一达通"出口基础服务的客户，以出口额度积累授信额度的无抵押、免担保、纯信用的贷款服务是（　　）。

A. 流水贷　　　　　　B. 赊销保　　　　　　C. 信融保　　　　　　D. 锁汇保

4. "一达通"通过对供应商提供的海外买家资信调查，代买保险和贸易融资等一揽子的金融服务是（　　）。

A. 流水贷　　　　　　B. 赊销保　　　　　　C. 信融保　　　　　　D. 锁汇保

5. 与银行签订锁汇协议，约定将来办理结汇或售汇的外汇币种、金额、汇率及交割日期，到约定交割日当天根据协议约定的汇率向银行办理结汇或售汇的服务是（　　）。

A. 流水贷　　　　　　B. 赊销保　　　　　　C. 信融保　　　　　　D. 锁汇保

简答

1. 简述外贸综合服务平台在跨境电商 B2B 模式中发挥的作用。

2. 简述阿里巴巴"一达通"提供的基础服务与增值服务。

【实训参考方案】

跨境电商综合服务平台的操作体验

· **实训目标**

了解跨境电商综合服务平台的作用，熟悉"一达通"等跨境电商综合服务平台提供的基础服务与增值服务，大致理解和掌握"一达通"平台的各项业务操作流程。

· **实训方式**

基于不同的实训条件，本次实训可以从两种方式中选择：

方式 1：有条件的学习者可以利用实训教学软件或开通"一达通"平台的阿里巴巴国际站账号，模拟或体验跨境电商综合服务平台的各项服务操作流程；

方式 2：条件暂不允许的学习者可以由指导教师组织到当地"一达通"的"一拍档"公司参观学习，结合阿里巴巴服务中心的资料进行总结和体会。

· **实训步骤**

1. 利用实训教学软件或开通"一达通"平台的阿里巴巴国际站账号进行模拟或体验跨境电商综合服务平台的各项服务操作流程；

2. 联系和参观当地"一达通"的"一拍档"公司，从后台的角度了解操作的流程；

3. 到阿里巴巴国际站的服务中心查询资料，帮助理解操作流程的不明之处；

4. 将上述成果撰写成一份实训报告。

· **实训评价**

主要从以下几个方面评价学习者的实训成果：

1. 对跨境电商综合服务平台概念和作用的认识程度；

2. 对"一达通"平台基础服务业务和增值服务业务的熟悉程度；

3. 是否能大致描述出各项服务操作流程，并能结合外贸流程本身来理解平台操作流程。

第七章

客户关系管理与争议处理

【学习目标】

本章旨在让学习者了解客户关系管理的含义，客户关系管理对跨境电商 B2B 的作用；熟悉跨境电商 B2B 客户关系管理的工作内容；掌握跨境电商 B2B 模式下容易出现的争议问题，并能妥善预防和解决。

【知识要点】

1. 客户关系管理对跨境电商 B2B 的作用；
2. 跨境电商 B2B 模式下客户关系管理的工作内容；
3. 跨境电商 B2B 模式下常见的客户信用与欺诈风险防范；
4. 跨境电商 B2B 模式常见争议问题的预防与解决。

【核心概念】

1. 客户关系管理
2. 争议
3. 投诉
4. 信用评价

【情境导入】

小张在阿里巴巴国际站接到订单后，将订单"外包"给"一达通"顺利完成了交货和收款工作。但这只是第一笔订单，如何能让订单源源不断呢？小金指导小张："要想有源源不断的订单，我们在吸引新客户的同时也一定要维护好老客户，将已有客户转为忠实的客户，这项工作就是客户关系管理。我们要树立跨境电商 B2B 的客户关系管理意识，处理好与客户发生的争议问题，最好能预防问题的发生。同时，在客户关系管理中也要特别留意客户的信用问题，防范受到外贸欺诈。"小张意识到客户关系管理对跨境电商 B2B 业务的重要性，立即回去好好了解了一下阿里巴巴国际站的相关功能，主要包括建立客户信息库、客户分类管理、投诉发起与响应、订单评价等。然后，他又仔细思考了该如何去预防可能与客户经常发生的一些争议问题；思考了如何降低客户信用风险和受到外贸欺诈的风险。

【引导案例】

在信息化建设方面，苏宁电器可谓是我国家电连锁行业的领先者，其建立的客户关系管理（CRM）系统是国内数一数二的。苏宁电器 CRM 系统的整体构架包括员工档案、客户档案、合同管理、短信管理、销售管理、供应管理、服务管理、客户信誉、客户反馈、客户挖掘等功能，实现了实时在线管理、创建行业供应链、全会员制销售信息管理、会员制服务全面升级和个性化优惠政策 5 项 CRM 措施。

CRM 系统的实质是充分发挥市场、销售和服务三大部门的作用，并且使三个部门能充分共享顾客信息，打破各部门之间的信息堡垒的封锁，使各个部门以一个企业的整体形象出现在顾客面前。苏宁电器的客户数据主要来源于销售前台、网上订购，还有客户部发行贵宾卡以及网上相应的会员制。举办一些大型的社会调查活动也能收集到不少的客户信息。这些内部或外部的信息在 CRM 内部进行迁移、清洗、整合，装载进数据仓库或数据集市。然后，运用联机在线分析或数据挖掘工具对数据进行分析，从数据中提取某些规律或发展趋势，最终转化为企业的战略或战术行动的制定依据，从而规划业务流程和运行模式，以期提高对客户的有效服务，最大限度地满足客户需求。在销售方面，苏宁电器会员制的销售模式不仅给予了消费者快捷、便利，其中还包括了客户关系管理措施。比如，某一款产品开启限量特价之后，苏宁根据顾客荣誉卡里记录着的顾客信息，提前通知这些有购买意向的顾客，让他们来享受本次的优惠，而不需要排队。这类措施在提高企业自身声誉的同时，还加深了顾客的忠诚度。

请思考：

（1）客户关系管理包含哪些内容？

（2）你在跨境电子商务 B2B 平台中有没有发现客户关系管理的相关功能？

一、客户关系管理对跨境电商 B2B 的作用

（一）客户关系管理的含义

客户关系管理（Customer Relationship Management，CRM）简称客户管理，是企业为提高核心竞争力，利用相应的信息技术以及互联网技术来协调企业与顾客在销售、营销和服务上的交互，从而提升其管理方式，向客户提供创新式的个性化的客户交互和服务的过程。客户关系管理的最终目标是吸引新客户、保留老客户以及将已有客户转为忠实客户，从而增加企业产品的市场份额。对客户关系管理应用的重视来源于企业对客户长期管理的观念，这种观念认为客户是企业最重要的资产，营销重点应从客户需求进一步转移到客户保持上。

根据客户的类型不同，CRM 可以分为 B2B CRM 及 B2C CRM。B2B CRM 管理的客户是企业客户，也是 CRM 的主要内容；而 B2C CRM 管理的客户则是个人客户。提供企业产品销售和服务的企业需要的是 B2B 的 CRM；而提供个人及家庭消费的企业需要的是 B2C 的 CRM。根据管理功能的不同，客户关系管理又可以分为市场营销中的客户关系管理、销售过程中的客户关系管理和客户服务过程中的客户关系管理：市场营销中的客户关系管理可有效帮助市场人员分析现有的目标客户群体，例如，主要客户群体集中在哪个行业、哪个职业、哪个年龄层次、哪个地域等，从而帮助市场人员进行精确的市场投放；销售过程中的客户关系管理主要包括潜在客户、客户、联系人、业务机会、订单、回款单、报表统计图等模块；客户服务过程中的客户关系管理在于快速及时地获得问题客户的信息及客户历史问题记录，并有针对性地、高效地为客户解决问题，提高客户满意度，提升企业形象。

CRM 是现代信息技术和经营思想的结合体。它以信息技术为手段，通过对以"客户为中心"的业务流程的重新组合和设计，形成一个自动化的解决方案，以提高客户的忠诚度，最终实现业务操作效益的提高和利润的增长。因此，CRM 是通过各种各样的客户关系管理软件来实现的，如图 7-1。

图 7-1　CRM 通过各种各样的客户关系管理软件来实现

（二）客户关系管理的主要作用

1.提高营销效果

CRM 可以通过对市场需求信息的实时采集、统计、整理、分析，帮助企业及时掌握市场动向，及时响应市场预期，针对不同需求、特点、价值的客户进行精准的营销推广，从而提升价值客户的挖掘，提升企业的销售效益。随着企业网络化的发展，订单处理和信息传递都会通过网络进行，CRM 软件设有营销模块，对市场营销活动加以计划、执行、监视、分析，提高企业销售过程的自动化。传统的营销模式主要是销售人员的主动出击，拉动与客户之间的关系，而随着客户关系管理的出现，销售人员可以用最短的时间追溯几百甚至几千个客户的交易资料，为他们提供"一对一"的服务，直接正中顾客需求的要害帮助销售人员更好地对潜在客户进行跟进；日周月报、销售报表能让管理层实时了解销售人员的跟单情况，业绩情况，及时对错误的销售行为给予干预。

2.提高客户忠诚度

吸收新客户的成本要远远超过保留现有客户的费用，因此提高客户忠诚度在某种程度上比开发新客户还要重要。很多客户流失是因为供应商对他们的关怀和重视不够。对于客户来说，供应商提供的竞争性价格和高质量的产品是关键的因素，但供应商对他们的关怀和重视程度同样重要。在现代市场经济中，营销人员将客户信息作为私人信息的做法不利于企业改善客户服务。CRM 则强调对全公司的数据进行集成，使得客户信息得以共享，从而使所有员工能拥有更多的潜力来促进企业和客户之间的交流，协调客户服务资源，给客户做出最及时的反应。企业可以通过客户关系管理系统以群发短信、群发邮件、纪念日管理等形式来关怀客户；将最新动态、产品更新、市场活动等信息及时传递给客户，不断与客户沟通来了解客户的需求、使用情况、疑惑，并将这些诉求反馈给产品组，推出更加有市场竞争力的产品；通过客户基本信息、售前、售中、售后以及投诉情况等数据，综合分析客户流失的原因。

【技能提示】

二八定律所反映的现象在社会经济体的各个方面普遍存在。例如，企业 80% 的业务收入是由其中 20% 的客户带来的。因此，很多企业都把营销的重点放在对大客户的关系管理上，为大客户提供各种方便、优惠的服务，尽可能满足大客户对产品的需求，注重和大客户的感情联络与关系培养等。而对那些数量众多而分散的小客户，则重视程度相对不足甚至有所忽视。这种营销理念有利于企业集中资源，抓住关键，分清轻重缓急。因此，二八定律成为很多企业从事客户关系管理所奉行的根本准则。而基于"长尾理论"的客户关系管理逻辑则相反，认为众多小市场可汇聚成与主流大市场相匹敌的市场能量。

3.优化业务流程

企业在运营的过程中，总会存在一些不合理和不必要的业务环节，这无疑对企业的发展造成了一定的负担。客户关系管理系统不仅可以提高企业的营销效果，还可以优化企业内部业务流程。企业的业务流程优化不是在原有基础上的添加改进，而是通过对企业各个环节进行调查与分析，将这些不合理和不必要环节进行彻底修改。首先，企业在客户关系管理系统制定一个工作任务模块，让销售人员准确无误地完成任务，提高工作效率；然后，将制定的任务模块集成到 CRM 系统的工作流模块中加以实现。有的企业习惯按照地域分配客户，有的企业则习惯按照行业分配客户，客户关系管理系统可以在企业原有的规则和习惯的基础上进行定制，在不打乱企业规则的基础上对企业员工的工作流程进行优化。

（三）跨境电商 B2B 模式下的客户关系管理

相对于传统贸易，客户关系管理与电子商务具有更好的时间适应性和空间适应性。跨境电商 B2B 属于电子商务范畴，与信息化的客户关系管理相辅相成。CRM 系统与跨境电商 B2B 平台系统相连接后，基于互联网的电子商务活动更便于收集用户的信息资料，从而能够更多地发现和满足用户的需求。所有的数据资料直接输入数据库，实现数据交换与信息资源的高度共享，并能准确、高效地对这些结构化的数据进行处理和分析。跨境电商 B2B 的客户关系管理易运作，企业与客户之间的距离缩短，信息交流广泛；全球性管理，可与全球的客户进行交流合作，大大突破了地理空间的限制；灵敏度高且交互性强，互联网的快速反应和回复，使企业能与客户进行实时信息交流，高效率地完成全部信息交换过程。

客户关系管理对跨境电商 B2B 的意义在于电子商务环境下的客户忠诚度较低，但获得一个新客户的成本并不低。相对于传统外贸，跨境电商 B2B 模式下的供应商及商品的信息更为丰富，价格更为透明，地理空间的限制大为减少。这些因素大幅降低了进出口双方的搜寻成本和磋商成本。跨境电商 B2B 模式下，进出口双方的交易关系是动态的，价格、汇率、供求关系等方面的波动变得更敏感，商品种类的丰富也使进口商不断地寻求"爆款"供应商合作。因此，跨境电商 B2B 模式的客户忠诚度相对较低。但是，跨境电商 B2B 模式的营销成本并不低。随着跨境电商行业竞争越来越激励，各供应商为了引入流量投入了不菲的会员费、"外贸直通车"等营销推广费用。通过客户关系管理留住老客户，相对于开发新客户仍具有重要的意义。

二、跨境电商 B2B 客户关系管理的主要内容

（一）客户信息库与客户分类管理

在跨境电商 B2B 模式下，建立客户信息库有很多便捷的途径：跨境电商 B2B 平台一般具备客户信息的批量导入功能，将供应商收到询盘的客户信息直接保存到客户信息库；也可以将平台在线聊天的客户信息导入客户信息库；可以将平台以外的客户信息，如通过电子邮箱联系的客户和供应商自建的 Excel 客户表等导入客户信息库。客户信息库建立后，就要对客户进行分类。通常一家企业 80% 的收入来源于 20% 的客户，每个客户对于供应商来说价值都是不一样的，其中一些客户能为公司带来了长期的价值。供应商应跟踪客户、细分客户，并根据客户的价值大小来提供有针对性

的产品和服务。在有限成本的基础上，侧重加强对重点客户的满意服务来提升客户忠诚度。客户还可以从意向程度、地域、规模大小或产品种类等维度来分类。客户分类完成后，将同类客户分配给相应的业务员进行跟踪和管理。客户跟踪管理过程中要不断地分析和完善客户档案，对客户关系进行维护。

（二）售后服务与争议处理

争议（Disputes）是指交易的一方认为对方未能全部或部分履行合同规定的义务而引起的纠纷。外贸比内贸更为复杂，更容易产生争议，需要供应商及时响应客户的需求，跟进和服务好客户，处理好争议。跨境电商 B2B 的买卖双方发生争议后，一般要提交平台进行处理，类似于传统贸易的仲裁。但是，无论是线上还是线下，出现争议，首先都鼓励双方先进行协商解决。良好的售后服务能与买方进行充分的沟通，显著减少争议的发生。例如，在买方收到货物后第一时间主动跟进联系，了解买方对货物的反馈；发生争议时积极与买方进行沟通，以解决问题为目的，主动提供可行的解决方案；与上游供应商协商解决方案的过程，要实时同步给买方，以获得买方的理解；在清楚了解自身是否有能力完成进口清关后，可协商买方退货的要求。

（三）评价系统与信用维护

在跨境电商 B2B 平台中，客户关系管理的效果用评价系统来测评，同时反映和累积买卖双方的信用程度。建立可靠的信用是使顾客产生忠诚的前提条件。网络的虚拟性使买方与供应商在相互"看不见、摸不着"的情况下进行交易，买方会倾向于与其所信任的供应商保持长期合作关系以避免网络交易的不确定性。客户的好评和信任来自很多方面，如高质量的产品或服务、合理的价格等。维护企业的信用，获得买方的好评，应做到如下几个方面：加强对客户的责任，维护客户的利益也就是维护企业自身的利益；注重提高产品和服务的质量；通过产品广告或包装等方式展示企业的经营理念、实力和信誉；获得跨境电商 B2B 平台的一些身份和标识，如"金品诚企"等，用平台的信用为自身的信用背书。

【技能提示】

金品诚企（Assessed Supplier）是阿里巴巴国际站根据买家采购习惯推出的综合性推广服务，旨在帮助企业快速赢得买家信任，促成交易。使用金品诚企服务的卖家，除了享有基础会员服务，其企业关键信息还将由第三方国际权威认证机构进行认证，再通过 Alibaba.com 平台多渠道曝光，真实、全面地展现出企业实力，从而提高被买家选择的概率。金品诚企服务还包括《企业能力评估》《主营产品认证》两份报告以及 3 分钟全面真实的认证视频。

三、常见争议的风险预防与处理

争议的处理是客户关系管理的关键所在，预防问题的发生，或者在买方提出争议时就能有效地协商解决，就能有效地减少投诉的数量，维护自己在平台的信用和客户心中的形象。面向企业批发的跨境电商 B2B 争议处理与面向消费者零售的跨境电商 B2C 有显著的区别。跨境电商 B2B 涉及线下传统贸易方式的备货、运输、通关、结汇等各方面问题；大货批发与零售相比，两者在货物出现数量、质量等问题时的处理方式也有较大的不同。

（一）产品质量问题

跨境电商 B2B 模式下，通常货物的需求数量比较大，容易在备货期间出现产品质量的问题。而跨境电商 B2C 模式下通常货物需求数量很少，在短时间内也能较容易地找到替代的货物。这就需要跨境电商 B2B 的业务员具备生产跟单能力，加强与工厂的协调。当前，我国有不少工厂的规模较小，生产技术和管理比较落后，产品质量不够稳定。常见的产品质量问题有：含铅超标等原材料方面的问题、颜色存在色差、包装不符合要求等。

预防争议发生的方法有：

①与上游厂商保持同步，熟悉产品的最新款式和功能，及时更新店铺中产品的描述和图片；

②在合同和产品介绍中坦诚说明产品存在的限制，例如，可能会因环境变化而影响功能或使用效果等；

③做好生产跟单工作，保存好磋商时的样品，保证产品各方面符合要求。

如果争议已经发生，处理的方法有：

a. 详细了解买方提出的产品质量情况，弄清楚是否是产品质量问题以及哪方面的质量问题；

b. 积极与买方沟通，以解决问题为目的，主动提供可行的解决方案，将自己与上游厂商沟通的结果同步给买方。

（二）货物交付问题

跨境电商 B2C 模式下，货物的交付一般用国际快递，都能方便地跟踪，保证货物送到买方手中。跨境电商 B2B 模式下的货物交付一般走传统贸易方式下的运输、保险、通关流程，常见的问题有：买方在期限内未收到货物、货物在运输途中发生的损失、通关存在问题等。

预防争议发生的方法有：

①在合同中明确交货期，如 FOB、CIF 等象征性交货贸易术语，不要随意给买方货物于何时送到的承诺；

②明确货物在运输途中发生损失的责任，做好保险投保工作；

③在备货期间请工厂确认可以交货的日期，并加上可能会影响交货的风险时间，做好跟单工作；

④事先了解进口国对本产品的检验与通关要求，是否有需要认证等特殊要求；

⑤将货物交给可靠的出口代理公司或外贸综合服务平台。

如果争议已经发生，处理的方法有：

a. 及时将工厂生产进度告知买方，协商能否延后交货，或者安排空运；

b. 如买方收到货物发现货损，提供相关证明，明确是谁的责任。

（三）货款支付问题

在跨境电商 B2C 模式中，货款支付通常由 PayPal 等第三方支付平台完成，金额也较小。跨境电商 B2B 模式还有传统贸易中采用的线下支付方式，如 T/T、托收、信用证。其中，T/T 又较为常用。出于双方风险的考虑，线下的 T/T 结算方式一般先付定金，发货后再付清尾款。常见的支付问题有：托收、T/T 等结算方式下，买方未能按时付款；信用证出现不符点；等等。

预防争议发生的方法有：

①做好进口商的资信调查，采取合理的结算方式；

②将收款风险转移给保险机构，或交给跨境电商综合服务平台；

③采用平台在线支付方式，如阿里巴巴国际站 Secure payment。

如果争议已经发生，处理的方法有：

a. 联系买方催收货款、了解不付款的原因、提交仲裁处理等，货款争议还是以预防为主；

b. 妥善保管和处理好货物。

【技能提示】

"Secure payment" 是阿里巴巴国际站针对跨境贸易提供交易资金安全保障的服务，它联合第三方支付平台 alipay 提供线上交易资金支付的安全保障，同时保护买卖双方从事的在线交易，并解决交易中资金纠纷问题。"Secure payment" 支持信用卡、西联、TT 银行汇款多种支付方式。买家支付货款成功后会通知卖家发货，买家确认收货或者确认收货超时后，会放款至卖家国际支付宝账户。与支付宝的区别在于，"Secure payment" 只针对跨境贸易，暂不能脱离订单直接付款或收款。

（四）知识产权问题

在国际贸易中，进口商为了避免纠纷，通常在进口商品前主动进行知识产权调查和风险防范。在当前跨境电商 B2B 模式中，卖家以中小企业为主，往往缺乏知识产权意识和专业知识，知识产权问题比较突出。如果产品销售过程中遭到知识产权投诉，肯定会给进口商带来损失，进口商转而向跨境电商的出口商投诉，引发纠纷，不可避免地影响到出口商在客户中的形象。

阿里巴巴国际站上常见的知识产权问题有以下几个方面。

1. 商标

售卖假货、使用时未经商标权人授权、采用近似商标或变形词、故意遮盖图片中的商标信息等行为都属于严重侵权，如图 7-2。在商品信息中不正当使用他人商标，引起关联的行为则属于一般侵权。

图 7-2　近似商标属于严重侵权

　　跨境电商 B2B 的出口商要熟悉了解行业相关商标品牌信息，未经权利人授权不使用他人商标。如收到商标权利人投诉，应立刻排查产品是否涉及侵权，避免造成经济损失或法律纠纷。可以使用 MyAlibaba 中全文搜索功能对文字信息进行检索排查，更多商标信息可点击商标网或阿里巴巴参考品牌列表查询。

2. 专利权

　　专利是受法律规范保护的发明创造，它是指一项发明创造向国家审批机关提出专利申请，经依法审查合格后向专利申请人授予的在规定的时间内对该项发明创造享有的专有权。专利分为：外观设计专利、实用新型专利和发明专利，如图 7-3。权利人申请了外观设计专利且尚在有效期，侵权人未经授权，发布与外观设计专利产品外观相同或相近似的产品，则可能会被投诉外观设计专利侵权；权利人申请了实用新型专利且尚在有效期，侵权人未经授权，发布与实用新型专利产品技术方案相同或近似的产品，则可能会被投诉实用新型专利侵权；权利人申请了发明专利且尚在有效期，侵权人未经授权，发布与发明专利所记载的技术方案、特征相同或近似的产品，则可能会被投诉发明专利侵权。

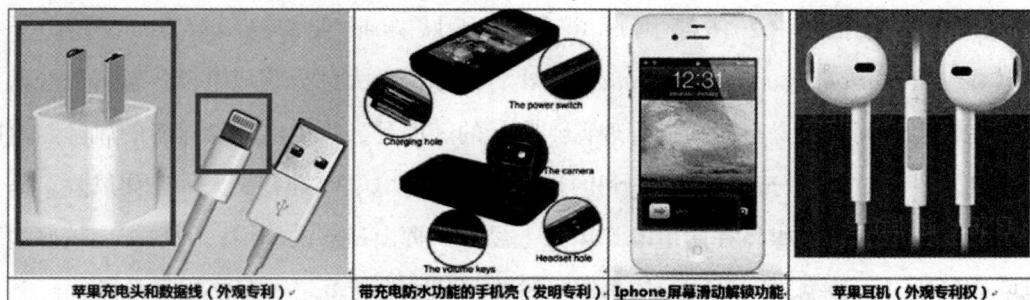

图 7-3　阿里巴巴国际站关于专利权的说明

3. 著作权

　　著作权也称版权，是指作者及其他权利人对文学、艺术和科学作品享有的人身权和财产权的总称，如书籍、软件、音像、视频教程、数据库、摄影作品、平面设计作品、卡通形象等。在阿里巴巴国际站上，销售盗版书籍、音像等属于严重侵犯著作权；盗用图片、未经许可使用美术设计、未经许可使用卡通形象等属于一般侵权。

若阿里巴巴国际站的出口商未在收到被投诉通知之日起三个工作日内在知识产权保护系统中跟进处理该投诉，阿里巴巴将删除发布于阿里巴巴国际站上的被投诉产品信息，并依据《阿里巴巴国际站知识产权规则》进行相应的扣分与处罚；若出口商的反通知未被接受或虽删除了被投诉的产品信息但投诉方未撤诉，阿里巴巴将依据《阿里巴巴国际站知识产权规则》进行相应的扣分与处罚；知识产权侵权行为，首次投诉 5 天内算一次（不扣分），第 6 天开始，再次被投诉成立将执行扣分和处罚，所以当收到投诉后，出口商务必尽快排查其他产品信息是否可能涉及侵权。

四、利用客户关系管理降低欺诈风险

跨境电商 B2B 中的欺诈是以非法占有为目的，通过网络信息系统虚构事实或者隐瞒真相，骗取数额较大的财务的行为。出口商在开发客户时，难免会遇到以欺诈为目的的客户，需要较强的风险意识和管理能力。

（一）跨境电商客户欺诈风险

Forter 是一家专门为电商提供欺诈交易解决方案的以色列初创公司，其针对 2014 年超过 100 万个电商交易进行了调查对比，最为惊人的发现是非洲的电商几乎都充斥着欺诈行为，该地区的电商欺诈率是全球平均水平的 10 倍之多；与此同时，南美地区的欺诈率是全球平均水平的三倍多；相对来说，亚洲刚好处于全球平均水平，同时亚洲也是电商参与人数最多的地区之一；欧洲地区的电商发展早且成熟，欺诈率比全球平均水平低。亚洲虽然处于全球平均水平，但印尼却是全球欺诈率最高的国家；位列第二位的南美洲，委内瑞拉和巴西的欺诈率分别为第二位和第四位；非洲地区则有第三高的南非。令人惊讶的是，名声很好的欧洲地区，罗马尼亚的欺诈率也位居全球第五位。丹麦是全球电商欺诈最少的国家，紧随其后的是挪威和芬兰，瑞士排名第五。

Worldpay 的一份报告《2016 年国际电子商务欺诈报告》（*Fraud Trends 2016——Latest perspectives on international ecommerce fraud*）指出：现如今，大部分跨境电商经营者已经认识到欺诈风险的存在，也认同风险是可以通过管理得到降低的。但是，跨境电商经营者的风险防范能力却有很大的差别。没有被大部分出口商意识到的是，手机端跨境电商具有更大的欺诈风险。该报告在防范措施方面的分析：社会媒体在防范欺诈风险上没有发挥出足够的作用；大数据能较好地帮助出口商防范欺诈风险，但数据之间还缺乏体系；支付体验和风险防范之间需要相互平衡。

（二）常见的跨境电商客户欺诈

在跨境电商 B2B 模式的磋商阶段，由于出口商往往求单心切，容易遭到欺诈。如"询盘"章节中所述，欺诈者在询盘内容中嵌入钓鱼网站，诱导出口商点击进入，骗得账号密码。小艾是一家跨

境电商公司的业务员，接单的主要途径来自 B2B 平台的询盘。这天，他收到了一封来自陌生客户的询盘，对方自称来自尼日利亚，在平台上搜索到了小艾所在公司的商品信息，想向其下订单。同时，该名"客户"建议小艾点击其附在文末的公司网址链接，提前了解一下他们所需产品的型号、数量等具体信息。好不容易有订单意向的小艾随手在邮件中点击了"客户"提供的链接，但却发现浏览器无法访问该网址。于是，他又将该情况反馈给了"客户"，但未得到回应。几天后，就在小艾都已忘记此事之时，另一名客户给他打来了急电，询问其为何要更改收款账号。此时，小艾顿时五雷轰顶，回想起之前与那名自称来自尼日利亚的"客户"沟通时的种种，对方建议自己点击的网址链接中很可能被植入了木马病毒，可以随之盗取邮箱密码。而随后的调查与核实也印证了他的判断。小艾发现，就在邮箱密码被盗的几天里，骗子查看了其大量与客户间的往来邮件，并有针对性地连续向小艾的一名海外客户发送了 5 封邮件，要求对方将剩下的货款汇到另一账号。

利用 Paypal 钓鱼欺诈曾是一个对我国跨境电商出口商影响较大的案例。来自美国的买家以高价购买仿冒品为由，与中国商户在线聊天，并通过聊天获得商户 Paypal 账号，以取得"侵权证据"和账号。随后，相关品牌商就会以聊天记录为证据，在美国提起诉讼，冻结涉案的 Paypal 账号。如不应诉，账号内的资金将可能被清零。跨境电商模式中，很多中小商户的品牌意识薄弱是其中一个重要的原因。例如，某出口商收到买家向其咨询某款眼镜，并附有截图，需要大量进货。该出口商本身并不出口该商品，但出于接单的目的，还是自称有货，待接单之后再去采购，并给出了自己的 Paypal 账号。此案例即所谓的"钓鱼式打假"，即国外调查公司以买家的名义接洽中国卖家，询问某件具备"在先专利权利"的商品能不能加工，我国卖家接单后即被提起侵权诉讼。由于害怕承担高额的律师费、赔偿等风险，我国跨境电商卖家往往对于国外诉讼不予应对，但不应诉后果更严重。在没有抗辩的情况下，法官会几乎原封不动地认可原告提出的证据。

（三）客户关系管理软件的风险防范应用

当前，针对跨境电商模式中的客户欺诈风险，一些客户关系管理方面的软件已经具备了风险防范的功能。以某跨境电商行业的专业服务软件为例，它为跨境电商行业搭建出了一个客户黑名单共享平台，为电商平台和卖家群体共同防范欺诈风险，减少卖家因欺诈性交易造成的损失。

跨境电商的出口商可以添加自己的客户黑名单，内容包括销售渠道（电商平台）、客户 ID、客户姓名和地址等。然后，可以选择是否将自己的客户黑名单添加到公共黑名单里。出口商可以根据自身的判断，将公共黑名单中客户添加到自己的黑名单中；如果某客户已在公共黑名单中，而出口商自认为他是安全的，则将他添加到白名单中即可。由此，该客户关系管理系统根据订单自动处理规则，自动识别出疑似欺诈风险交易，自动将订单拦截，流转到人工审核订单。在审核过程中，卖家可以到后台看其他出口商给这个客户的评价，如果发现许多出口商都对这个客户给出差评，甚至出现"欺诈"等字眼，则应慎重对待，如图 7-4。

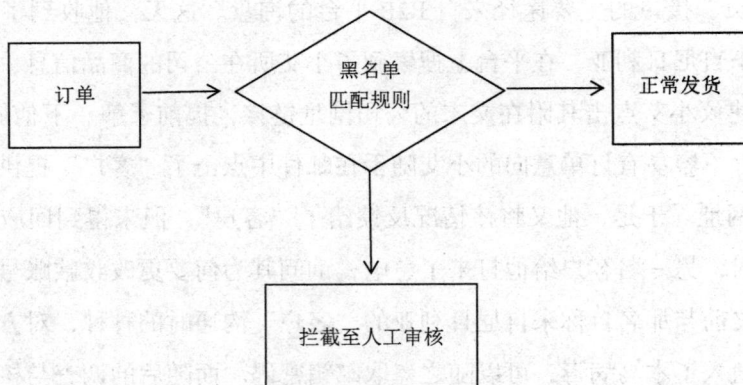

图 7-4　某软件客户关系管理系统防范欺诈的做法

五、阿里巴巴国际站的客户关系管理操作

（一）客户管理

从阿里巴巴国际站后台的"客户管理"进入"添加新客户"，有两种功能：一是"添加一个新客户"，如图 7-5 ；另一个是"从 TradeManager 导入"。"添加一个新客户"是手动的将单个客户的信息填入，并保存；"从 TradeManager 导入"则直接批量地导入通过 TradeManager 洽谈的客户。另外，我们在"询盘"和"外贸邮"界面，也可以添加通过询盘或邮件洽谈的客户。客户添加完成后，从"客户管理"进入"客户分组"，先给各组命名，然后将客户移动到相应的组。管理员可以对全部客户进行分配，业务经理可以将客户分配给下属的子帐号，选中客户，点击"分配给"即可。

图 7-5　在阿里巴巴国际站添加一个新客户

客户导入和分配完成后，关键是各业务员要将客户进行清晰、妥善的管理。当有客户来联系或者业务员需要去联系客户的时候，应该能马上根据客户备注的名字找到与其相关的档案资料及往来的邮件和洽谈记录。随着业务的日积月累，询盘、邮件和客户都会越来越多。对众多的客户进行有效、便捷、系统的管理，才能确保为每一位客户做好服务。因此，除了阿里巴巴国际站平台上的客户管理，业务员还需要给每个客户建立一个专属的文件夹，存放客户背景资料、给客户发送过的产品图片、每一次给客户的报价记录等。

（二）争议处理

1. 发起投诉

在跨境电商 B2B 平台进行交易，争议一般由买方发起。买方从"Customer Service"下拉菜单进入"Submit a Dispute"进行投诉，投诉分为三种类型，如图 7-6："信用保障交易纠纷"，即通过阿里巴巴信用保障服务购买商品，交易过程中发生的纠纷；"在线批发订单纠纷"，即通过阿里巴巴在线批发服务购买商品，交易过程中发生的纠纷；"线下贸易纠纷"，即通过线下付款 / 发货的方式与阿里巴巴的会员做交易，交易过程中发生的纠纷。

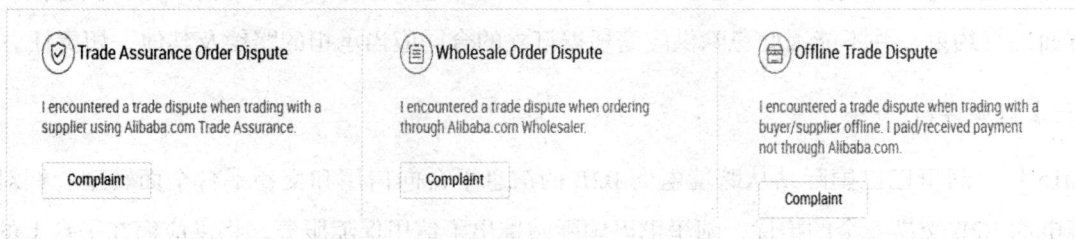

图 7-6　阿里巴巴国际站投诉的三种类型

【即问即答】

通过阿里巴巴信用保障服务购买商品，交易过程中发生的纠纷，应选择"Trade Assurance Order Dispute"还是"Offline Trade Dispute"进行投诉？

选择相应类型后，点击"Complaint"进入投诉表单页面，按提示将投诉表单填写完整，并提交投诉。阿里巴巴国际站在收到买方发起的投诉后，与被投诉方进行联系与确认。如情况属实，敦促被投诉方在一定期限内积极解决纠纷。若买卖双方经协商使纠纷得到顺利解决，纠纷投诉会被系统关闭；若在一定期限内，被投诉方不配合或经协商得不到解决方案，被投诉方将被予以处理。因此，卖方在收到买方发起的投诉后，应积极响应投诉，解决问题，以维护自身在平台的交易信用等级，树立自身在客户心中的形象，保持与客户的良好关系。

2. 响应投诉

供应商在"订单管理"或者投诉举报平台查看和管理收到的投诉，应积极地响应，跟踪纠纷处理的进展，最终解决问题，与买方沟通并撤销投诉。有时，阿里巴巴国际站平台在收到买方的投诉后，需要供应商在响应时提交相关的证明材料，供应商应在期限内提供所有的证据，如表7-1。

表7-1　供应商按要求提交的证明材料

纠纷处理情形	所需证明材料
已发货给买方	货运底单，主要是底单上的追踪号
已退款给买方	银行退款水单，需要有银行盖章，字体清晰
已与买方达成一致	与买方的沟通记录，包含纠纷解决方案和买方的接受情况

供应商未在规定时间内提交证据材料，或虽提交但不能充分说明其主张，或有涂改、伪造、变造证据材料情形的，阿里巴巴国际站有权直接做出不利于供应商的判责。被判责的供应商将被平台予以扣分处罚。每项扣分的持续时间为365天，若累计扣分达6分，将被平台邮件通知予以严重警告；若累计扣分达12分，该店铺的搜索屏蔽7天，旺铺屏蔽7天；若累计扣分达24分，该店铺的搜索屏蔽14天，旺铺屏蔽14天；若累计扣分达36分，该店铺的搜索屏蔽21天，旺铺屏蔽21天；若累计扣分达48分，交易账号就会被关闭。需要明确的是，上述平台的处罚只是从供应商搜索权限等方面进行约束，并不能因此免除供应商根据订立的合同应当承担的赔偿及其他一切责任。

（三）订单评价

2015年，阿里巴巴国际站从跨境电商B2B的信息平台向信用和交易平台全面转型。针对买方对跨境电商B2B交易安全的担忧，阿里巴巴国际站推出了信用保障服务，将供应商在平台上的行为以及真实贸易数据等信息不断沉淀，并作为该供应商信用保障额度的累积依据。订单评价是数据沉淀和显示供应商信用的一个主要方面。信用保障订单的买方评价可以展示在网站上，用来证明供应商的企业信用和实力，类似于淘宝星钻冠的信用体系。买方可以在信用保障订单交易完成后的60天内对该笔订单进行评价，如图7-7。评价提交之后的30个自然日内，买方有1次修改评价的机会，修改之后评价的内容会覆盖之前的评价。买方通过其后台登录订单列表，点击"评价管理"修改评价。在此期间，供应商可与买方进行沟通，解决买方认为存在的问题。

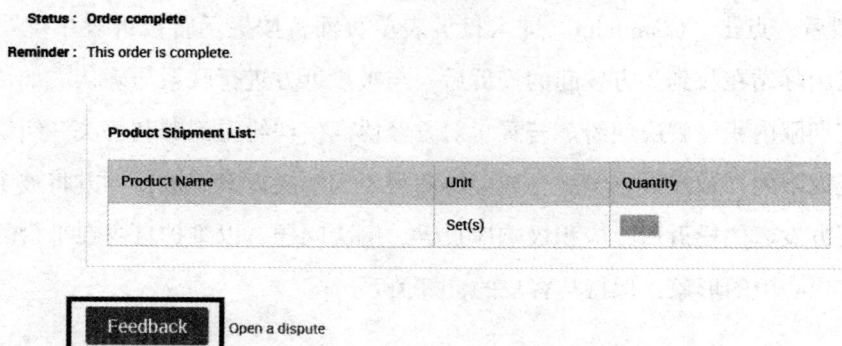

图7-7　买方在订单界面点击"Feedback"进行评价

供应商的信用保障服务额度越高，获得阿里巴巴国际站平台提高的第三方保证就越强，可以更快速地获得买家信任，更容易达成交易。随着订单量不断上升，供应商获得持续的好评，信用保障额度也不断累积，形成良性循环。信用保障服务是客户关系管理在阿里巴巴国际站平台的体现形式。

本章小结

客户关系管理的最终目标是吸引新客户、保留老客户以及将已有客户转为忠实客户，从而增加企业产品的市场份额。相对于传统贸易，客户关系管理与电子商务具有更好的时间适应性和空间适应性。争议的处理是客户关系管理的关键所在，主要问题有产品质量、货物交付、货款支付和知识产权方面的问题。阿里巴巴国际站的客户关系管理操作主要有客户管理、争议处理和订单评价。

自我测试

单项选择

1. 客户关系管理的英文缩写是（　　　）。

A. CAM　　　　　　　B. CRM　　　　　　　C. CGM　　　　　　　D. CRW

2.（　　　）是指交易的一方认为对方未能全部或部分履行合同规定的义务而引起的纠纷。

A. 争议　　　　　　　B. 索赔　　　　　　　C. 仲裁　　　　　　　D. 起诉

3. 通过阿里巴巴信用保障服务购买商品，交易过程中发生的纠纷，应选择（　　　）进行投诉。

A. 信用保障交易纠纷（Trade Assurance Order Dispute）

B. 在线批发订单纠纷（Wholesale Order Dispute）

C. 线下贸易纠纷（Offline Order Dispute）

4. 通过阿里巴巴在线批发服务购买商品，交易过程中发生的纠纷，应选择（　　　）进行投诉。

A. 信用保障交易纠纷（Trade Assurance Order Dispute）

B. 在线批发订单纠纷（Wholesale Order Dispute）

C. 线下贸易纠纷（Offline Order Dispute）

5. 通过线下付款 / 发货的方式与阿里巴巴的会员做交易，交易过程中发生的纠纷，应选择（　　　）进行投诉。

A. 信用保障交易纠纷（Trade Assurance Order Dispute）

B. 在线批发订单纠纷（Wholesale Order Dispute）

C. 线下贸易纠纷（Offline Order Dispute）

简答

1. 简述客户关系管理对跨境电商 B2B 的作用。

2.简述跨境电商 B2B 如何从贸易的各个环节来预防争议的发生？

【实训参考方案】

跨境电商 B2B 客户关系管理

· **实训目标**

了解跨境电商 B2B 平台的客户关系管理体系，客户关系管理各项功能在跨境电商 B2B 平台的体现形式；体验阿里巴巴国际站的客户关系管理系统，着重体验纠纷的处理。

· **实训方式**

通过实训软件或阿里巴巴国际站账号体验客户信息库和客户分类管理、纠纷投诉响应和解决、订单评价管理等功能；实训条件暂不允许的学习者可以模拟为某跨境电商 B2B 公司制订客户关系管理详细方案，建议通过走访获得参考信息。

· **实训步骤**

1.将来自各渠道的客户导入客户信息库；

2.对客户进行分类管理，在实训报告中说明分类管理的方案；

3.模拟各种可能发生情形的纠纷投诉、响应和处理；

4.阿里巴巴国际站订单评价操作和管理；

5.撰写实训报告或者制订一份跨境电商 B2B 公司的客户关系管理详细方案。

· **实训评价**

主要从以下几个方面评价学习者的实训成果：

1.学习者对客户关系管理内容和作用的认识程度；

2.结合跨境电商 B2B 平台认识客户关系管理，大致掌握阿里巴巴国际站平台的客户关系管理各模块操作；

3.熟悉阿里巴巴国际站纠纷处理流程、处罚规则，并能应对各种纠纷投诉；

4.熟悉阿里巴巴国际站订单评价，并能跟踪管理以获得更多积极的评价。

第八章

进口跨境电商的 B2B 模式

【学习目标】

本章旨在让学习者通过与进口跨境电商 B2C 模式的比较，了解什么是进口跨境电商的 B2B 模式；了解当前我国进口跨境电商 B2B 的主要模式以及 1688 进口货源、跨境集市等主要平台；熟悉 1688 进口货源的操作。

【知识要点】

1. 进口跨境电商 B2B 与 B2C 模式的区别；

2. 我国当前进口跨境电商 B2B 的主要模式；

3. 1688 进口货源与跨境集市等进口跨境电商 B2B 平台；

4. 进口跨境电商 B2B2C 模式和 O2O 模式。

【核心概念】

1. 进口跨境电商

2. 进口跨境电商 B2B

3. 进口跨境电商 B2B2C

4. 进口跨境电商 O2O

【情境导入】

随着国内居民收入增加，进口品的需求快速上升。小金意识到公司必须尽快开拓进口业务，抢占市场。小张在出口跨境电商方面的业务能力早已被小金认可。小金决定将进口跨境电商的业务也交给小张来负责。小张在日常生活中在天猫国际和京东全球购等一些平台购买过一些进口商品，也感受到了进口跨境电商的巨大前景。但是，自己所体验的都是零售形式的进口跨境电商 B2C 模式，与公司要开展的进口跨境电商 B2B 模式有哪些区别呢？小张决定先对进口跨境电商 B2B 做一做功课，了解一下它的主要模式和主要平台，再进入这个新兴的领域。经过一番学习和准备，小张选择了阿里巴巴的"1688 进口货源"平台尝试进口跨境电商 B2B 业务，立志将全球质优价廉的日用消费品分销给国内的进口商品批发商或超市等部门，最终满足消费者对进口品的需求。

【引导案例】

从阿里巴巴旗下的"1688 进口货源"平台发布的 2016 年数据显示，韩国、日本、法国、台湾、澳大利亚等国家和地区的商品最受商家青睐，进货占比在 50% 左右。广东、浙江、江苏、上海、山东等地最热衷进口商品，60% 以上的进口商品被这些省份的商家采购并销售出去。

消费品中最受欢迎的品类还是以酒类、零食、母婴、百货、美妆、个护等为主，占据商家采购量一半以上。商家在采购海外货源上的偏好体现了地缘性特点。日本、韩国、台湾等国家和地区，由于地理和文化上的亲近，成为商家进货首选。其中，韩国和台湾地区在面膜领域占据压倒性优势，销量占据进口面膜销售额的 85% 以上。法国和澳大利亚则在酒水类目杀出一条血路。其他热卖国家中，日本产品也占据了商家进货清单的大头。88 万包巧克力、20 多万包冲泡饮品、35 万包饼干、15 万个碗（盘）等日本商品被商家采购后通过各个平台送到消费者手中。一些意想不到的商品也成为商家采购的热门品类：比如印度的辣木籽共卖掉 128 万克；秘鲁的玛卡共卖掉 85 万克；塞浦路斯的果汁共卖掉 44.6 万瓶。这说明国内消费者对进口商品的需求越来越多样化。在国内企业越来越重视产品质量的当下，ABS 材料、PC 塑料、PA66 尼龙等非消费类产品也被企业大量采购。

平台目前已经能够为进口货源所在地的中小企业提供全方位帮助，包括联合核心进口商和进口供应链服务商等，为中小企业提供选品、通关、报关等业务指导和服务。

请思考：

进口跨境电商 B2B 的前景如何？你会选择哪种商品来做进口跨境电商？

除了 1688 进口货源，你还知道哪些进口跨境电商 B2B 平台？浏览它们的网站。

一、进口跨境电商 B2B 与 B2C 模式的比较

（一）通关环节的比较

进口跨境电商 B2B 模式一般采用传统贸易的物流渠道，通常适用的是一般贸易监管方式，是我们外贸专业学生所熟悉的。进口跨境电商 B2C 模式的监管方式则是近些年才由海关总署增列的，并出台了不少的文件逐步进行规范。

　　下面我们对进口跨境电商 B2C 模式的监管方式进行简单的梳理。2013 年 7 月第一单进口跨境电商正式走通后，海关总署确定的两种通关方式是直邮进口和网购保税。直邮进口是消费者在网购后，以个人物品的方式向海关申报，缴纳行邮税后，再经国内快递发到手中；网购保税是消费者在网购前，商品已经以货物的形式报关，并存放在了保税区里，下单后再以个人物品的方式申报，从保税区快递到消费者手中。网购保税实际上是一种 B2B2C 的进口跨境电商模式，与 B2B 模式的一般贸易监管方式区别在于不用交进口关税。2014 年海关对网购保税模式出台了一份加急文件，规定商品品种限制为"个人生活消费品"，要求参与的电商、物流企业实现与海关等管理部门的信息系统互联互通，金额每次限值为 1000 元人民币，超出的部分按货物（原本是物品）规定办理通关手续，规范的目的主要在于避免企业通过"化整为零"，将原本一般贸易进口的货物改为网购保税进口，进而享受行邮税的优惠，逃避关税。另一份文件《关于增列海关监管方式代码的公告》，增列了"保税跨境贸易电子商务"，简称"保税电商"（代码"1210"）。同时，另一个增列代码"9610"是为了直邮进出口设定的。

　　2016 年 4 月是进口跨境电商 B2C 模式监管方式的转折点，国务院发布了《关于跨境电子商务零售进口税收政策的通知》，对跨境电商的税收政策进行了调整，由此前按物品的行邮税调整为按货物的跨境电商综合税（关税＋增值税＋消费税）。同时提高行邮税，一定程度上打击了跨境电商企业将业务向行邮通道转移的动机。在金额方面，单次交易限值由上述的 1000 元人民币调整为 2000 元人民币，个人年度交易限值首次明确为 20000 元人民币。在限值内的关税为零，增值税和消费税照常征收；在限值外按一般贸易方式全额征收关税。

　　总结一下，国外商品进入境内有三种通道：一般贸易（包括进口跨境电商 B2B 模式）、跨境电商（指 B2C 模式下的按货物进入的直邮进口和网购保税）、行邮通道（按物品进入境内）。总的来说，进口跨境电商新政策出台后，对于大部分的进口商品，行邮税最高，跨境电商税又略高于一般贸易税。同时，国家又出台了《跨境电子商务零售进口商品清单》，对进口跨境 B2C 的商品种类进行了限制。可见，从政策层面出发，在进口跨境电商方面，政策导向与出口一样，也是以 B2B 模式为主体，B2C 模式为补充，重点发展 B2B 模式符合我国外贸稳增长、调结构的需要，也有利于降低税收监管和通关监管的成本，提高通关的效率。

【技能提示】

　　跨境电商 B2B（一般贸易）、跨境电商 B2C、行邮通道，这三种方式从税收方面来看，哪种方式成本最低呢？李鹏博、马蜂在《进口跨境电商启示录》中进行了分析：在 50 元起征点内，行邮最优；超出这个起征点，行邮税多数是最高的；对于大部分商品来说，B2C 模式的税额略微高于 B2B 模式；对于某些商品（如保健品），B2B 模式的税额要高于 B2C 和行邮。因此，比较三种方式的税收成本高低，还是要针对具体的商品品类来分析。

（二）销售环节的比较

虽然与出口跨境电商情况一样，进口跨境电商 B2B 模式被认为是主体部分，是未来的发展趋势，但在销售环节已落后于 B2C 模式的发展速度。进口跨境电商的供应链有三大核心：前端的市场流量、中端的物流仓储和后端的货源采购。其中，前端的市场流量是根基，拥有市场流量就可以撬动后端的货源采购，反之则很难；跨境进口后端的货源采购在境外，深度掌控境外货源的企业更能获得消费者的信任；中端的物流仓储属于基础设施，是可以外包合作的。因此，对于进口跨境电商行业，市场流量是最重要的，货源采购次之，物流仓储最后。跨境进口 B2B 模式当前的劣势就在于最重要的市场流量（或者说是销售渠道）过少。

【即问即答】

1. 进口跨境电商供应链中，最重要的环节是什么？

进口跨境电商 B2B 模式进口来的商品，最终还是要被国内消费者购买才算落地，而该模式中第二个"B"对国内消费者（市场流量）的掌握不够。出口跨境电商 B2B 模式依赖的就是国外本地分销商的渠道销售能力。进口跨境电商 B2B 模式的国内销售渠道主要是商场、超市等，还有尚未成熟的线上线下相结合的门店。从当前的国内销售渠道情况看，实体店显然没有电商渠道发展得好。进口商品的国内消费者，即市场流量，主要掌握在天猫国际、京东全球购、苏宁海外购等进口跨境电商 B2C 平台手中，如图 8-1。

图 8-1　拥有市场流量优势的跨境进口 B2C 平台

（三）1688 进口货源与天猫国际的比较

比较进口跨境电商 B2B 模式与 B2C 模式的最好例子就是同属于阿里巴巴的"1688 进口货源"和"天猫国际"。阿里巴巴旗下 1688.com 于 2015 年 5 月初推出了进口货源平台，即"1688 进口货源"，如图 8-2。"1688 进口货源"是当前进口跨境电商 B2B 模式的代表，是国内第一大进口跨境B2B 电商平台。如果进行简单的延伸比较，"1688 进口货源"就是进口商品版的"1688 采购批发"（1688.com）；而"天猫国际"就是进口版的"淘宝"。也就是说，"1688 进口货源"的前端是国外的货源企业，后端面向的是批发进口货物的国内企业，是 B2B 模式；而"天猫国际"的前端是国外的货源企业，后端面向的是零售业务的国内消费者，是 B2C 模式。相对于天猫国际 B2C 模式，"1688进口货源"面对货源供应商具有更强的议价能力。

图 8-2 进口跨境电商 B2B 模式的"1688 进口货源"平台

二、进口跨境电商 B2B 主要模式与平台

（一）进口跨境电商 B2B 的主要模式

当前，国内已经有不少企业尝试将跨境进口贸易进行电子商务化，即为国内进口企业提供一个进口跨境电商 B2B 贸易平台。这些进口跨境电商 B2B 平台相对于出口跨境电商 B2B 平台来说，不能算是严格意义上的跨境电商 B2B 模式。更准确地说，它们是进口商品的国内分销平台，是进口商品的国内代理或者一、二级供应商与进口商品批发商之间搭建交易平台，为国内一些面向"C"端的进口跨境电商网站和进口商店提供货源信息，帮助这些进口商家找到优质货源。那么，为什么可以把它们纳入进口跨境电商 B2B 模式呢？因为分销起到的是撬动作用，平台还以此到国外寻找进口货源，撮合国内外买卖双方的进口贸易，商品以一般贸易的方式进口，并提供进口供应链服务。分销是平台撮合进口跨境贸易的源泉，如图 8-3 所示。进口跨境电商行业，市场流量或者说销售渠道是最重要的，前端的市场流量是根基，拥有市场流量就可以撬动后端的货源采购。

总结一下当前的进口跨境电商 B2B 模式，如图 8-3：①出口跨境电商 B2B 平台的卖方是国内出口商，买方是国外采购商，属于跨境电商 B2B 模式；②进口跨境电商 B2B 平台的卖方是一些进口商品的代理或者一、二级供应商，买方是一些批发商、网店或实体零售店，是进口商品的国内分销业务；③虽然平台主要做的是分销业务，但分销与进口贸易是一体的；④这种模式中的进口环节是一般贸易，参与者都是企业（没有"C"的参与）。因此，可以认为这是进口跨境电商 B2B 模式。

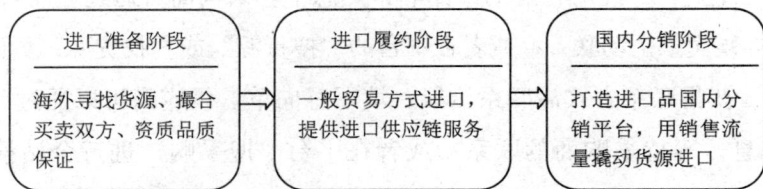

图 8-3 当前我国进口跨境电商 B2B 的主要模式

（二）进口跨境电商 B2B 平台

比较典型的进口跨境电商 B2B 平台有"1688 进口货源"和"跨境集市"，如图 8-4。"1688 进口货源"致力于打造全球最大的进口商品分销平台。在货源方面，平台上线后陆续与加拿大、澳大利亚、英国、西班牙、日本等多国政府建立深度合作，引入源头优质的商品，并实现全程保真溯源；携国内大型进口商赴各国招商，通过面对面的洽谈和实地工厂考察，甄选一批在国内暂无代理的、只能通过代购才能享受到的优质商品；选择各国注重生产工艺，而不善于做外贸的民族品牌

和百年工坊。例如，"1688 进口货源"在韩国全罗南道举行韩国招商会，韩国全罗南道厅、韩国农水产食品流通公社等当地部门出席并见证了多家韩国中小企业与"1688 进口货源"签署合作协议，包括韩国传统宫廷美食"爱如花坚果棒"等韩国民族特色品牌通过"1688 进口货源"进入中国市场。在进口服务方面，"1688 进口货源"引入政府、报关行、物流商、金融机构共同打造傻瓜式的进口供应链服务平台。与目前传统的进口模式相比，进口商从 1688 全球货源平台进货，成本可降低 20%~40%，时间可节省 15~60 天。

【技能提示】

全国进口商品溯源平台基于物联网、移动互联网等技术，以溯源码为核心，打造政府、企业、消费者三者联动的进口商品追溯解决方案，对进口商品动态进行实时监控，真正实现来源可查，去向可追，责任可究。进口商品溯源平台分为两级：溯源中心及各个加盟区域溯源分站，各个区域加盟伙伴协助溯源中心对接海关、检验检疫局等监管单位，完成溯源数据对接。企业商品粘贴防伪溯源码，防止产品被假冒，防窜货，提高产品信誉度，保护品牌形象，促进企业品牌营销。同时，使政府部门实现对进口商品的全过程监管，方便问题商品的召回管理、统计查询、风险预警，促进进口贸易便利化。

跨境集市从进口市场不透明的痛点切入，撮合服务不仅限于帮助买卖双方发布信息，还提供其他撮合服务：如果物流有问题，平台代找优质物流供应商；如果信任有问题，平台牵头双方深入沟通，并提供担保支付和资质评级；平台还利用自身的推广渠道，把需求和货源发布到全网各种渠道。该平台的典型体现在于网站设计尤其侧重高效率的信息呈现，并且采用最新的技术提升信息发布和搜索的用户体验，放弃了许多撮合以外被认为不实用的功能。全部功能和主要信息在首页高效、清晰呈现，商品信息都是简单直接的交易信息，甚至省略了产品详情，因为进口跨境电商 B2B 模式的买卖双方都是企业，已经对行业的产品非常熟悉了。采购商可通过"发布采购单"，发布要求购商品的信息，等候卖家主动联系；或者在平台的"搜货源"或"找货源"页面进行搜索；找到相匹配的货源信息，获得联系方式后联系洽谈，填写意向单。供应商可以通过"发布货源单"发布可供应的货源信息，等待采购商的联系；或者在平台"搜采购"进行全站搜索，找到相匹配的采购信息，主动给买家报价后，即可互换联系方式。跨境集市在支付方面与招商银行合作推出 B2B 线上担保支付；在物流方面与物流企业合作打造自助物流超市；在信用方面建立了三级资质等级体系，并联合第三方开发了远程资质验证和远程验货服务；在金融方面推出了供应链金融产品等。

图 8-4 "跨境集市"

于 2017 年初开始试运行的进口跨境电商 B2B 平台进口通（http://www.51jkt.com/）同样以信息撮合为主，但其具有自己的特色，如图 8-5。该平台是立足于西班牙，且只针对中国市场的单向 B2B 跨境电商信息平台，旨在将西班牙优良的供应商信息提供给中国的中小型商家。

图 8-5 "进口通"

不同于 1688 进口货源和跨境集市，进口通直接聚焦于提供国外供应商信息。它立足于西班牙，货源地比较集中，提升了专业性。进口通认识到，我国国内进口商搜寻境外供应商的途径仍仅限于通过国外的一些专业展会，或者是网络；而境外供应商则基本以 Google、Facebook 等社交网站来推广企业产品。但由于一些政策因素，进口商在国内往往不能正常使用上述这些网站，而出国参加一些展会，往往在花费了大量人力财力后，也不一定找得到理想的供应商。进口通的价值就在于为有贸易需求的进出口双方提供信息服务，尤其是中小企业。一些西班牙中小企业了解到中国市场具有巨大的潜力，但碍于语言和文化差异没办法开拓中国市场，一些做过尝试的中小企业基本上也都以失败告终。进口通平台能够实现将采购以及需求信息等内容进行实时翻译。当我国采购商对某产品进行询价时，可以直接用中文询盘，而西班牙供应商收到的是西班牙语显示的询盘，反之西班牙供应商可以直接用西班牙语回复，而中国的采购商收到的也将直接是中文信息。这一询盘翻译功能将彻底打破中小采购商欲直接进口却苦于不懂外语的困境，实现西班牙卖家和中国买家的双赢。另外，由于大多数境外中小企业供应商的产品并没有很高的附加值，需要大量销售来实现产值，所以这类中小企业也没有办法与我国跨境 B2C 平台的海外仓和保税仓模式展开合作，需要采用跨境 B2B 模式。

【技能提示】

作为进口商，需要了解进口品的货源地在哪里。西班牙有很多行业都领先于国际市场，但由于西班牙企业相对比较低调，国内很多进口商对它们并不是很熟悉。西班牙的葡萄酒产量居世界第三位，有很多质量非常优秀的葡萄酒；西班牙橄榄油的产量和出口量均居世界之首，安达卢西亚地区以出产顶级橄榄油闻名于世；西班牙火腿世界闻名，亦是西班牙最具代表性的美食之一，已经有一千多年历史；西班牙是世界上第二大陶瓷原料生产国；西班牙在机械设备制造，技术改造与整合方面一直处于领先地位；西班牙是继意大利之后的欧盟第二大鞋类生产国；西班牙蜂蜜天然纯正，无任何污染，含有丰富的矿物质、有机酸、蛋白质、维生素等各种营养物质；吉他可以说是西班牙名族乐器，西班牙制造吉他的工艺可以说是世界之最。

（三）进口跨境电商 B2B2C 模式和 O2O 模式

首先，我们从概念和含义上来辨析一下进口跨境电商 B2B2C 模式和 O2O 模式是否属于进口跨境电商 B2B 模式。有观点认为，判断是否属于跨境电商 B2B 模式，不论是出口还是进口，一方面看交易的双方是否为企业（即是否为"B"）；还有一个关键的地方在于商品是以一般贸易监管方式进口的还是以跨境电商的监管方式进口的（保税电商的"1210"和直邮进口的"9610"）。直邮进口毫无疑问是进口跨境电商 B2C 模式，而 B2B2C 模式是属于 B2B 模式还是 B2C 模式呢？在保税网购的 B2B2C 模式下，海外供应商（"B"）直接发货到采购商（"B"）的保税仓。保税仓是"境内关外"的含义，也就是说，这两者之间的贸易并未"跨境"，仍是在境外。因此，这种观点认为，进口跨境电商 B2B2C 模式不属于进口跨境电商的 B2B 模式。比较上述的两种进口跨境电商 B2B 模式（如跨境集市的撮合模式和"1688 进口货源"的分销模式），这两种模式下海外供应商和国内采购商之间都是以一般贸易的方式完成贸易的。"跨境集市"主要是起到了电商平台的信息撮合作用，进出口双方之间的贸易仍是一般贸易；"1688 进口货源"其实可以看出是 B2B2B 模式，在海外供应商（第 1 个"B"）和国内采购商（第 2 个"B"）起到撮合作用，货物以一般贸易方式进口，然后为国内进口采购商搭建平台分销给第 3 个"B"。

我们再来了解和辨析一下进口跨境电商的 O2O 模式。2015 年，从华南地区引爆的跨境电商 O2O 体验店迅速在全国蔓延。进口跨境电商的 O2O 模式除了有线上的销售平台外，还会在线下开设体验店，以此作为消费者了解与体验进口商品的窗口，并实现为线上独立销售平台引流的目的，解决线上的流量难题。这里我们必须区分进口直销和跨境电商体验两种做法。进口直销属于传统的一般贸易，跨境电商体验属于线上线下相结合的 B2B2C 模式中的线下体验部分。体验店的商品由企业整批申报进入保税区仓储，并向检验检疫部门报检，在检验检疫部门检验检疫通过后，海关才允许企业全额缴纳货物税款担保金，将商品运至区外体验店里展示。同时，允许企业进行跨境电子商务的商品备案，并在商品备案通过后将有关商品在电商平台上挂网销售。消费者在体验店里选择通过企业的跨境电商平台订购，并在保税区发货配送，海关按跨境电子商务 B2B2C 保税进口的税收征管模式办理手续。因此，基于体验的进口跨境电商的 O2O 模式是在跨境电商 B2B2C 模式上融入了一个为电商平台引流的线下体验店，中间环节上虽有企业参与，实质上也属于进口跨境电商 B2C 模式。

【技能提示】

线上线下结合互动的跨境电商 O2O 模式并不被普遍看好，原因有如下几个方面：实体店的辐射范围有限，吸引不了足够多的消费者来购买，许多消费者在新鲜感过去后就不愿意远道而来；实体店的经营成本较高，主要在于店铺租金和销售人员工资，尤其是繁华地段的店铺租金，更是难以承受；各线下实体店的进货渠道单一，销售商品基本雷同。因此，跨境电商 O2O 模式需要进行创新。例如，与其他互补的业态相互合作。进口母婴跨境电商蜜芽与儿童教育机构红黄蓝的合作就是一个例子。

【即问即答】

1. 进口跨境电商 B2B2C 和 O2O 属于 B2B 模式还是 B2C 模式？

三、进口跨境电商 B2B 平台操作

下面我们以"1688 进口货源"为例，简单地介绍一下进口跨境电商 B2B 平台的操作，学习者从中可以大致了解到当前我国进口跨境电商 B2B 平台的业务模式、操作逻辑和规则以及相应的板块构成。"1688 进口货源"由于是进口商品的分销平台，是进口商品版的"1688 采购批发"，两者之间在操作上的区别主要就来源于商品属性的不同了。下面介绍一下进口商品分销平台相对于国内商品批发平台操作中的主要区别。

在"1688 进口货源"平台，进口商品采购商面对的供应商分为六个等级，从低到高分别为：优质网商、知名进口批发市场商家、海关特管区进口商、海外品牌 / 直营总代商家、知名商超 / 电商供货商、战略合作 KA 商家。等级越高代表着商家具备越高的实力和供货能力：优质网商是在 1688 平台上运营能力优秀的进口商家；知名进口批发市场商家如在广州一路德批发市场的商家；海关特管区进口商是海关推荐的进口商，年进口额须不低于 1000 万元人民币；海外品牌 / 直营总代商家指海外品牌在华的子（分）公司或海外品牌在中国区的独家总代理；知名商超 / 电商供货商如沃尔玛、家乐福、天猫、京东、苏宁等；优质商家将有机会受邀签约成为最高等级的战略合作 KA 商家。等级越高的商家享受更强力的搜索加权、更特殊的身份标识（如图 8–6）、更优质的活动资源、更丰富的推广渠道和更精准的买家匹配。进口商品采购商通过标识可以识别这些供应商的实力和能力。

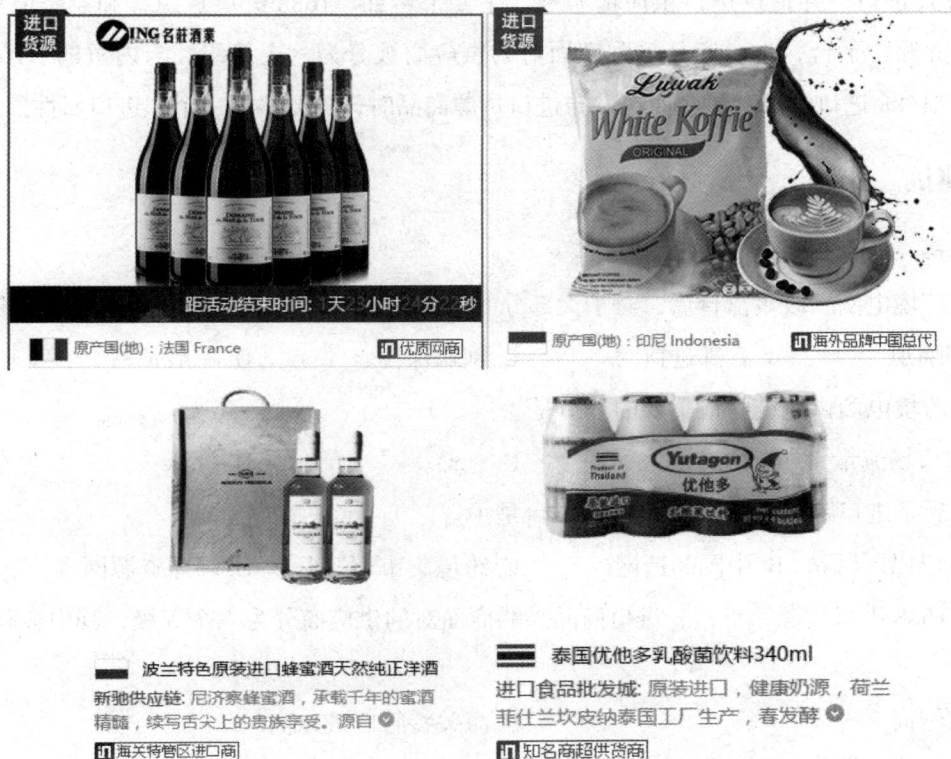

图 8–6　进口商品供应商的实力和能力识别

"1688 进口货源"平台上的进口商品发布与"1688 采购批发"平台上的国内商品发布是有区别的。供应商在发布进口货源商品时，需要多填一个"进口属性"，包括：有无原产地证、原产国、货物所在地（一般为"已清关——中国大陆境内"）、进口口岸（与报关单一致）、报关单号、报检单号、发货时间、单证票据上传（食品上传卫检证书、非食品提供报关单）等详细信息。供应商发布的进口货源商品被采购商搜索得到如图 8-7 的进口属性信息，点击"进口单证"可以查看该商品的报关单。

详细信息	成交 (2753)	评价 (297)	进口单证		
进口属性	原产国（地）	🇫🇷法国	有无原产地证	有	进口口岸	洋山港区
	货物清关状态	已清关-中国大陆境内	报关单号	224820131480245671		

图 8-7　进口货源商品的"进口属性"

进口商品采购商在查看进口货源商品信息和供应商信息后，用阿里旺旺发起洽谈。进入交易流程后的支付、运输、保障体系与"1688 采购批发"都基本一致，不再赘述。

本章小结

在进口方面，我国跨境电商 B2B 模式的发展晚于跨境电商 B2C 模式。当前，我国进口跨境电商 B2B 模式主要是搭建进口商品的国内分销平台，并撮合国内外买卖双方的进口贸易，商品以一般贸易的方式进口，并提供进口供应链服务，主要平台如"1688 进口货源"和"跨境集市"。在"1688 进口货源"平台，进口商品采购商面对的供应商被分为六个等级。与内贸的"1688 采购批发"比较，"1688 进口货源"供应商在发布进口货源商品时，需要多填一个"进口属性"。

自我测试

单项选择

1. 进口跨境电商新政策出台后，对于大部分的进口商品，（　　　）方式进口所交的税最低。

A. 行邮通道　　　　B. 直邮进口　　　　C. 网购保税　　　　D. 一般贸易

2. 进口跨境电商供应链中最重要的环节是（　　　）。

A. 前端市场流量　　B. 物流　　　　　　C. 仓储　　　　　　D. 货源

3. 以下属于进口跨境电商 B2B 模式的平台是（　　　）。

A. 阿里巴巴国际站　B. 中国制造网　　　C. 跨境集市　　　　D. 环球资源网

4. 在"1688 进口货源"平台，进口商品采购商面对的供应商分为六个等级，其中最高的等级是（　　　）。

A. 优质网商　　　　　　　　　　　　　B. 海关特管区进口商

C. 海外品牌 / 直营总代　　　　　　　　D. 知名商超

5. 在"1688 进口货源"平台，进口商品采购商面对的供应商分为六个等级，其中最低的等级是（   ）。

A. 优质网商   B. 海关特管区进口商

C. 海外品牌 / 直营总代   D. 知名商超

简答

1. 简述当前我国进口跨境电商 B2B 的主要模式。

2. 什么是进口跨境电商 O2O 模式？这种模式是 B2B 吗？

【实训参考方案】

我国进口跨境电商 B2B 模式平台体验

·实训目标

在了解进口跨境电商 B2B 模式含义和特点的基础上，对"1688 进口货源"、跨境集市等平台进行体验，基本掌握平台的运作模式和操作流程。

·实训方式

在 1688 进口货源和跨境集市两个平台从采购商的角度了解它们的功能板块、操作流程和平台特点。

·实训步骤

1. 在 1688 进口货源网站注册账号，体验平台的各项功能板块，选择感兴趣的产品进行搜索，了解进口商品的详细信息；

2. 在跨境集市网站注册账号，体验平台的各项功能板块，选择感兴趣的产品进行搜索，了解进口商品的详细信息；

3. 对两个进口跨境电商 B2B 平台进行比较，并结合天猫国际等 B2C 平台，从平台的体验中体会当前我国进口跨境电商 B2B 的主要模式；

4. 将上述成果撰写成一份实训报告。

·实训评价

主要从以下几个方面评价学习者的实训成果：

1. 对进口跨境电商 B2B 模式含义的理解程度；

2. 对当前我国进口跨境电商 B2B 主要模式的理解程度；

3. 是否熟悉 1688 进口货源和跨境集市两个平台的操作。

综合实测

单选题

1. 不是我国跨境电子商务发展的主要特点的是（　　　）。

A. 外贸 B2B 仍占主导地位　　　　　　　B. 出口规模大于进口规模

C. 带动了电商平台　　　　　　　　　　　D. 参与企业偏高，增长潜力巨大

2. 阿里巴巴国际站的定位是什么？（　　　）

A. 以客户为中心的服务型企业　　　　　　B. 全球中小供应商与采购商

C. 中小型企业的网上贸易市场　　　　　　D. 以客户为中心的主导型企业

3. 下列不属于 B2B 跨境电商或平台的是（　　　）。

A. 敦煌网　　　　　　　　　　　　　　　B. 阿里巴巴国际站

C. 环球资源网　　　　　　　　　　　　　D. 亚马逊

4. 确定付款时间和交货地点是哪个岗位的职责？（　　　）

A. 建站与后台维护　　　　　　　　　　　B. 询盘转换订单

C. 订单操作与单证　　　　　　　　　　　D. 生产安排与跟单管理

5. 询盘分析要素包含（　　　）。

A. 询盘内容、联系方式、是否使用电子商务、客户 IP 地址

B. 是否使用电子商务

C. 客户 IP 地址

D. 询盘内容

6. 阿里网站专业术语中，RFQ 的意思是（　　　）。

A. 一达通　　　　　B. 全球旺铺　　　　　C. 信用保障　　　　　D. 采购直达

7. 对于有回复未成交的客户，该如何跟进？（　　　）

A. 已报价情况　　　　　　　　　　　　　B. 其他产品的推介

C. 特价或有新产品时及时通知　　　　　　D. 定期关怀

8. 当有 1000 元让步空间时，下列让步策略描述正确的是？（　　　）

A. 可以使用 600、400、0、0 大跨度的让步策略

B. 可以使用 500、200、100、50 均匀的让步策略

C. 可以使用 250、250、250、250 平均幅度的让步策略

D. 所有答案都不对

9. 以下哪一个是 FOB 计算公式？（　　　）

A.（产品成本＋国内费用－出口退税＋利润）/ 汇率＋海运费

B.（产品成本 + 国内费用 – 出口退税 + 利润）/ 汇率

C.（产品成本 + 国内费用 – 出口退税 + 利润）/ 汇率 + 保费

D.（产品成本 + 国内费用 – 出口退税 + 利润）/ 汇率 + 海运费 + 保费

10. 哪里查看客户来访的行为记录？（　　　）

A. 访客详情　　　　　　B. RFQ 商机　　　　　　C. 营销管理　　　　　　D. 我的效果

多选题

1. 磋商一般包含 4 个环节，其中（　　　　　）和（　　　　　　　）是保证合同成立的两个基本要素。

A. 询盘　　　　　　B. 发盘　　　　　　C. 还盘　　　　　　D. 接受

2. 假如你是一名外贸业务员，当没有客户询盘、没有订单时，如下哪些做法是可取的？
（　　　　）

A. 通过努力提升自己来改变现状　　　　　　B. 用积极的心态面对工作

C. 想办法找客户、找询盘、找订单　　　　　　D. 抱怨老板、抱怨同事、抱怨公司

3. 下列属于打造行业 TOP10 数据的要素有哪些？（　　　　　　）

A. 主打关键词排名优化　　　　　　B. 长尾关键词大量覆盖

C. 流量有效转化为询盘　　　　　　D. 以上都不对

4. 阿里巴巴站内长尾词可以通过哪些途径获得？（　　　　　）

A. 热搜词　　　　　　B. 行业视角　　　　　　C. 外贸直通车　　　　　　D. 外贸邮

5. 数据管家"我的效果"中效果趋势三条线代表什么？（　　　　　）

A. 我的趋势　　　　　　B. TOP10 均值　　　　　　C. 行业均值　　　　　　D. 我的效果

6. 寄样前的准备工作包含哪些内容？（　　　　　）

A. 随样品文件　　　　B. 样品确认　　　　C. 形式发票　　　　D. 取样原则

7. 国内比较出名的 B2B 站点是（　　　　）。

A. Made-in-china　　　　B. Indiamart　　　　C. Tradekey

D. Alibaba　　　　E. Globalsources

8. 通过对外贸流程的学习，如下属于履约阶段的有哪些？（　　　　　　）

A. 生产 / 备货　　　　B. 报关前的准备　　　　C. 装船　　　　D. 退税

9. 为了打造优质阿里巴巴平台产品模板，描述公司的时候可以包含如下哪些内容？（　　　　　　　）

A. 公司外观图　　　　B. 工厂景观　　　　C. 工厂车间图　　　　D. 合作客户或品牌

10. 在拓展海外市场时，借助高效的工具可以提升工作效率，如下描述正确的是（　　　　　　）。

A. 网站 www.nicetranslator.com 适用于拓展日本市场

B. 网站 www.dragon-guide.net 适用于开拓日本市场

C. 网站 www.nicetranslator.com 适用于在线翻译多国语言

D. 网站 www.dragon-guide.net 适用于在线翻译多国语言

判断题

1.一般我们指的跨境电商是指广义的跨境电商，不仅包含 B2B，还包括 B2C 部分，不仅包括跨境电商 B2B 中通过跨境交易平台实现线上成交的部分，还包括跨境电商 B2B 中通过互联网渠道线上进行交易撮合线下实现成交的部分。　　　　　　　　　　　　　　　　（　　）

2.阿里巴巴旗下"一达通"是跨境电子商务第三方外贸服务平台企业。　　　　（　　）

3.汇票的签发日期可以比发票的签发日期早的做法是可行的。　　　　　　（　　）

4."我的效果"里面的产品类目是我们自定义的产品分组。　　　　　　　（　　）

5.把客户变成朋友并以朋友的身份关心客户，是解决邮件石沉大海的好方法。（　　）

6.由于邮寄的是样品，不是正式的产品，所以考虑样品包装，简单一些即可。（　　）

7.出于礼貌，我们一定不能问客户收取样品费。　　　　　　　　　　　　（　　）

8.买家搜索的关键词在文本中反复出现得越多越好。　　　　　　　　　　（　　）

9.将已发布的产品进行编辑修改也算新产品发布。　　　　　　　　　　　（　　）

10.阿里巴巴国际站的搜索排名是时时更新的。　　　　　　　　　　　　　（　　）

问答题

1.跨境电商 B2B 模式与跨境电商 B2C 模式有哪些区别？

2.与其他国内主要的跨境电商 B2B 平台比较，阿里巴巴国际站有哪些优势？

3.阿里巴巴国际站搜索诊断的主要内容是什么？

4.阿里巴巴国际站的货款支付方式有哪些？

5.如何开展询盘的分析？在回复询盘之前要做好哪些准备工作？

6.试比较"一达通"的出口代理服务和出口综合服务。

7.如何利用客户管理关系防范跨境电商欺诈？

8.试述我国进口跨境电商 B2B 的当前模式及主要平台。

参考文献

[1] 阿里巴巴（中国）网络技术有限公司.跨境电商实训教程 [M].北京：中国工信出版集团；北京：电子工业出版社，2016.

[2] 阿里巴巴（中国）网络技术有限公司.做跨境电商就是这么简单 [M].北京：中国海关出版社，2015.

[3] 柯丽敏，王怀周.跨境电商基础、策略与实战 [M].北京：电子工业出版社，2016.

[4] 柯丽敏，洪方仁.跨境电商理论与实务 [M].北京：中国海关出版社，2016.

[5] 李鹏博，马峰.进口跨境电商启示录 [M].北京：中国工信出版集团；北京：电子工业出版社，2016.

[6] 贾少华，金文进.网络贸易 [M].北京：高等教育出版社，2014.

[7] 何璇，曹晶晶.国际贸易理论与实务（第二版）[M].北京：科学出版社，2012.

[8] 黄艺.国际贸易合同实务 [M].北京：中国人民大学出版社，2013.

[9] 亿邦动力网 http://www.ebrun.com.